VIVAVOCE

Andrea Vianello

# OGNI PAROLA CHE SAPEVO

MONDADORI

librimondadori.it

*Ogni parola che sapevo*
di Andrea Vianello
Collezione Vivavoce

ISBN 978-88-04-72267-0


I edizione gennaio 2020

# Indice

# Ogni parola che sapevo

*A papà,*
*che mi manca tanto,*
*eppure è sempre con me.*
*Visto che ce l'ho fatta, papone?*
*Proprio come volevi tu.*

L'uomo? Uno che trema.

JOÃO GUIMARÃES ROSA, *Grande Sertão*

# LA MANO

# 1

La mano. Tutto è iniziato dalla mano. È sabato, un mattino di sabato come gli altri, mi sono svegliato tardi, sogni confusi e come sempre dimenticati, svaporati, la luce che filtra tra le serrande semichiuse, sono appena rientrato nel letto con il vassoio della colazione, ho lasciato in cucina mia moglie che ho salutato distrattamente, e il tempo di dirle «Ho ancora quel mal di testa di ieri, quel cazzo di mal di testa strano che non mi passa», mi rimetto sotto il piumino sgualcito e getto un biscotto a pezzi nel latte, prendo il cucchiaio con la mano destra per pescarlo e la mano destra... la mano destra? La mano destra non risponde alla chiamata. Non la trovo, è scomparsa. Ma dov'è? La cerco da qualche parte. Di solito è attaccata al mio corpo, non può andarsene in giro da sola. E infatti è lì, eccola, vicino al cuscino. La mia mano destra. Come c'è finita lì? Non facciamo scherzi. Ieri ho avuto una giornata difficile, il dolore alla testa senza tregua, due Moment, un Oki, tutto inutile (a proposito, spero che non sia un problema di denti, ho la fobia dei denti, io), poi la registrazione del programma, faticosa, un ospite saltato all'ultimo momento, meno male che abbiamo risolto in qualche modo e anzi tra poco escono gli ascolti, e saranno deludenti, lo so, avrò il diritto ora di godermi la colazione in santa pace, no?, non sarà mica una mano a rompermi la scatole proprio oggi, ma tu dimmi. Forza, ricominciamo. Uso la mano sinistra per prendere la destra capricciosa e rimetterla al proprio posto, quella non oppone resistenza e la porto sul vassoio, come era prima, dove la attende il cucchiaio. Ok, tutto a posto, che cavolo, mangiamo ora. Invece no, niente. La mano destra se ne va nuovamente da un'altra parte, ancora abbandonata vicino al cuscino, inerte. Non sembra nemmeno una parte di me, è la mano di un estraneo. Ci provo un'altra volta, è testarda 'sta mano stamattina, la riprendo con un po' di stizza, o meglio, tento di riprenderla, ma questa volta è lei che vince. Non sono io che la tiro su, è lei che mi fa cadere giù. Come un sacco di patate, a corpo morto, e in un istante vertiginoso e irreversibile l'equilibrio del mondo si è spostato. Sono lì che arranco sul letto, come una foca senz'acqua. Non ho paura, è una sensazione strana, adesso sto afferrando pienamente che mi sta succedendo qualcosa di terribile, ma sono lucido, calmo, il tempo si è fermato, ma in realtà so che bisogna fare presto. Con tutta la voce che mi viene da dentro, urlo il nome di mia moglie. O almeno credo. «Francesca» grido. «Aiuto! Francesca!» Non mi sente, è nell'altra parte della casa. Sono nudo, è chiaro che appena mi ascolterà dovremo andare in ospedale, e non posso andarci nudo. Mentre grido il suo nome, mi butto in terra, tutta la parte destra del mio corpo è bloccata, sono un uomo a metà, striscio sul parquet per raggiungere l'omino appendiabiti, afferro dal basso i pantaloni con la mano sinistra, ritorno come un verme verso il letto, urlo ancora «Francesca», non so come salgo nuovamente sulle lenzuola, con uno sforzo sovraumano cerco di indossare i jeans, riesco quasi a infilarli, la mano destra non collabora, tutto non collabora, va bene così, li lascio slacciati, fatto, sono pronto, grido aiuto, Francesca, un urlo belluino, Francescа!, arriverà, pochi secondi, sono pronto, arriverà, succederà quello che succederà. Aspetto.

Arriva trafelata. Mia moglie. Mi sembra un gigante sopra di me, un gigante buono che mi aiuterà, io sono inciampato in un buco nero del bosco ma lei mi tirerà fuori da lì. Ha gli occhi sgranati. «Che succede? Che succede?» mi chiede. La mia risposta è chiara: «Megpdeiigrhiaa!» le dico concitato, «mrlaiofoourhdka uhfe giumhu». Non si capisce niente, lei non capisce niente, nemmeno io capisco niente, parlo una lingua nuova, eppure lo so cosa voglio dire, ma un demone si è intrufolato nella mia bocca. «Ceritturgra, mathra, titdiiiadotaio.» Sono infuriato con me, sono infuriato con lei perché non capisce. «Stai calmo» la sento dire, ma sono alle prese con questa follia, non riesco a dire una parola, maledizione, una vera parola, mi sento imprigionato, imbavagliato, sperduto, nel buco nero del bosco non ci sono parole, le mie amatissime parole, solo versi infantili, muggiti incomprensibili, rantoli disperati. Tutto è veloce, ora, tutto è confuso. Lei in piedi con il telefono, lei che spiega con la voce ferma, lei che mi passa qualcuno che mi chiede qualcosa, non ci riesco, io, sul letto, senza mano, senza corpo, senza parole, arreso, eppure lucido, o forse no, non so nulla, arriveranno, mi salveranno, chi è il nemico?, non importa, continua a pensare, resta vigile, resta te stesso, solo così puoi farcela. Estranei nella mia stanza. Sono loro. Quanto tempo è passato? Secondi, minuti, pochissimo. Uomini e donne, rassicuranti. Altre mie parole senza senso, la lingua del diavolo, tranquilli, vorrei dirgli, sono vigile, ho capito, collaboro: devono aver capito. Mi prendono, sono sdraiato, il corridoio, le porte chiuse delle stanze dei ragazzi, grazie a Dio, il pianerottolo, scale, scale, il mio sguardo a cercare il portiere, nessuno che mi veda, per favore, facciamo presto. Il cancello sulla strada, l'ambulanza, sagome intorno, sono dentro, mi parlano, mi toccano, sorrido, forse, voglio la loro benevolenza, sono un bambino che non può esprimersi, sono perduto senza di loro, e intanto corriamo, corriamo, Roma è un giro di giostra, corriamo, le strade sono tutte dritte, non ci sono curve, è una sola strada, nessuno ci può fermare, ecco, siamo arrivati, ecco. Luci. Facce. Bocche. Luci. Pavimenti. Mani. Parlo, ancora parlo, non so cosa dico. Ora sono seduto, c'è un dottore che mi guarda, è giovane, ho capito che se c'è uno che mi salverà, sì, sarà proprio lui. Mi spiega qualcosa, sorride ma ha fretta, anche io ho fretta, i denti, ho una protesi fissa, vi prego, non li toccate, entro dentro, dove sono?, ho freddo, un caleidoscopio, luci, mani, buio, veloci, veloci, veloci, voci, a posto, a posto, i ragazzi, i miei ragazzi, li amo, avanti, sono stanco, stanco, dormo, va bene, lascia stare, è finito tutto, sparisce tutto, tutto.

Quando mi sveglio, sono in un letto. Luce spettrale, il viso di Francesca è vicino a me, sorride, anche io sorrido, cerco di parlarle. La mia voce rimbomba, un'ombra nei suoi occhi. Continua a non capire le mie parole.

# 2

Le prime ore, dopo, sono ore ubriache.

C'è Francesca, c'è il neon sul soffitto, ci sono gli infermieri dietro il vetro, ci sono i volti sbucati dietro la porta di Stefano e Giovanni, i miei amici di Rai Tre, che chissà come sono entrati. La mano destra non si muove, ciondola sul fianco, è la mano di un manichino, eppure ho una strana euforia: ce l'ho fatta, dice una parte di me, una detestabile vocina sghignazzante, ce l'ho fatta.

La vocina dentro, perché fuori la voce è invece un disastro.

Non riesco a parlare, è chiaro, e va bene, non provare a parlare più, lascia perdere, meglio non agitarti, dice la vocina interiore, è solo una questione di tempo, dopo ogni cosa tornerà come prima. Ma al momento è tutto confuso. Francesca mi tranquillizza, l'espressione dei suoi occhi è sollevata e insieme preoccupata. Qualcosa dico, spezzoni di frase, tronconi di parole, il resto è una marmellata di suoni, una macedonia di sillabe, pezzi di un puzzle buttati alla rinfusa. È entrata in stanza mia figlia Maria Carolina, o forse no, è vero?, è falso?, non lo so, l'ho immaginata, probabilmente, credo però di averle detto qualcosa, ma cosa, non so parlare, non so più parlare. Ora non c'è più nessuno, c'è solo il neon del soffitto, gli infermieri dietro il vetro, e un dottore premuroso, mi piace questo dottore premuroso, ha un viso tranquillo, sorride, i capelli ondulati e ordinati, meglio dormire un po', qualunque cosa accada ci sarà lui a risolverla. Dottore, dico, lo chiamo, provo, parlo, ma non mi sente, io non mi sento, dormiamo. Dormiamo. Dormiamo e mi risveglio: la luce abbassata, forse è notte, gli infermieri lavorano, parlano, aspettano, devo fare la pipì, aiuto, un muscoloso tatuato con il camice mi prende in giro, non c'è bisogno, hai il catetere, il catetere, è la prima volta nella mia vita, come è fatto un catetere?, il muscoloso è simpatico, c'è tutta Roma dentro di lui, gli rispondo, provo anzi, sorrido, devo fargli vedere che non ho paura, che sono disinvolto. D'altronde nei momenti difficili ho sempre reagito così, una surreale e curiosa calma, quasi da riderci sopra, come un film dove qualcuno sta interpretando me stesso, e io lì che lo guardo incuriosito per capire come va a finire. Provo ansia nei momenti tranquilli, uomo strano che sono, ma nelle emergenze chissà perché funziono meglio. Penso.

Ecco, già questo è importante, tutto è confuso, è vero, sì, ma penso, so chi sono, e sono ancora io.

Il tempo è una pagina oscura, le sue stanze si aprono e si chiudono nella mia memoria, in quel letto passano le stagioni del mondo in poche ore.

Ora sono sveglio. Le luci riaccese. È il presente, sono qui. La mano è tornata a posto, si muove, è strana però, non sente niente, non ha forza. Ma non importa. Altri volti amici si affacciano come comparse in un Super 8 in cui qualcuno ha mescolato le bobine: Luigi, Mario, Salvatore, battute, pacche, rido, ogni parola un disastro, ogni suono una beffa.

Sta succedendo davvero? C'è ancora tanta nebbia nella mia testa.

Ma arriva Francesca, forse era già qui, mi prende la mano e all'improvviso tutto sembra più chiaro. Realizzo la situazione, sono lucido, ho capito. Mi chiamo Andrea Vianello, ho cinquantasette anni, sono stato male stamattina, o ieri, questo non lo so, so che non sono morto, però, non sono morto. Sono in una stanza di ospedale, come travolto da un treno. Mano a parte, credo che il corpo sia tutto intero, ho solo un mal di testa che così strano e silenzioso non ho mai avuto, come se un serpente avesse spalancato la bocca mentre dormivo e mi avesse avvelenato con i suoi denti micidiali tutta una parte del mio volto. E non so parlare più. «Ehi» guardo Francesca, la mia Franci che mi ha salvato la vita, che ha avuto così tanto, troppo, dolore da ragazzina che non posso farle questo anche io, non posso. «Tardo lane, ciua.» Pensavo di dirle "Parlo male, scusa", lo so dire di solito, lo so dire. Mi ferma, quasi a chiudere le labbra con una carezza pietosa.

E finalmente mi spiega: mi spiega tutto, con calma, mostrando un'accettazione meditata, già sa come raccontare la mia storia senza farmi agitare troppo, racconta, tutto quello che è successo in quelle ore accelerate, in quella turbina di eventi decisivi, lei fuori a sperare, io dentro una sala operatoria, nelle mani del mio destino.

La cosa più immediata da capire nel suo racconto è che ho avuto un ictus, e mentre Francesca pronuncia quella parola, io afferro che l'ho sempre saputo, già crollato nel letto per cercare di attivare la mano improvvisamente interrotta. Ictus, che parola paurosa. Me la sento risuonare nella mente, dunque è questo che ho avuto, un ictus, un fulmine dall'alto che poteva incenerirmi, un cortocircuito fatale, un ictus, Dio mio, ho avuto un ictus. Guardo la mano che si è riattivata, controllo la gamba destra, è fasciata, immobilizzata, il piede sembra vitale. La bocca? È storta? Le cose che so sull'ictus sono terribili banalità, pregiudizi da cacciare via dalla mente, immagini da ignorante. Intanto Francesca prosegue: un'ambulanza mi ha preso in tempo, arrivato all'ospedale hanno cercato di controllare da dove e come fosse partito il trombo che mi era arrivato al cervello, ma la faccenda era seria. Hanno dovuto operarmi di corsa, mi informa, e per la prima volta inizio a sentire il termine carotidi (certo che so di cosa si tratta, ma dove diavolo stanno esattamente le carotidi?), le carotidi, le carotidi, ho capito, ma che c'entrano? È andato tutto bene, rassicura Franci, che va dritta, sempre con la sua calma nuova, il neurochirurgo (quello giovane, sì, me lo ricordo) mi ha messo due stent, mi ha salvato, dicono che è stato un miracolo. Le parole torneranno, mi anticipa, non sanno quando, non sanno come, ma torneranno. Sono vivo. Due stent? Non è vicino al cuore che si mettono? Grazie a questi stent si è ripristinato l'afflusso sanguigno al cervello, dice. Francesca parla come un dottore, una moglie dottore che non conoscevo, ma quando ha studiato medicina? Quarantotto ore, aggiunge, quarantotto ore prima di stabilire se sarò fuori pericolo, ma il chirurgo è tranquillo, andrà bene, è solo una precauzione, che fortuna che c'era lui di turno, commenta, anche tu hai sempre detto che i chirurghi giovani sono i migliori, più all'avanguardia, più innovativi. È vero, credo di averlo detto.

La mia mano sinistra nella sua mano destra. Ho delle domande da farle: anche solo che ore sono. Ma le domande sono difficili, qualche parola esce bene, il resto una cascata di suoni sconclusionati. Cerco di dire il suo nome: non esce niente. Il suo nome, Francesca, il suo facile e bellissimo nome, che è anche il nome di mia madre, Francesca, è chiuso dentro la mia testa, sigillato, lontanissimo, remoto, è chiuso nell'altro mondo, dove le parole sono le pietre di un cammino che qualcuno o qualcosa mi ha fatto lasciare per sempre.

# 3

L'angelo è biondo, come da tradizione, ma è un uomo. Un ragazzo, anzi, sembra quasi un ragazzo. Francesca lo accoglie come una benedizione, io lo riconosco per una sintonia quasi intima. Eccolo, dice Francesca, è lui. Come va?, sorride il ragazzo. Sono grato, non so perché. Sono grato a quel ragazzo alto, i capelli lunghi, gli occhiali tondi, un'aria da studente americano, il più bravo della classe, che poi però la sera mette a soqquadro il college con un toga party con John Belushi, un tipo dinoccolato che qualcosa mi dice che mi ha strappato dal buio dove ero finito, il giovane neurochirurgo che è arrivato come un supereroe quando tutto è perduto, mettendomi in salvo dalla notte di Gotham City. Farfuglio, mi ferma. Silenzio, sembra dire, parlo io. È molto sicuro di sé, non supponente, piuttosto totalmente cosciente del suo ruolo, ogni concetto scolpito in quella che sa essere la sua ferrea competenza. Faccio fatica a seguirlo, provo a concentrarmi, soprattutto a non interromperlo, con il mio solito vizio, nonostante in tv abbia imparato ad ascoltare di più.

È soddisfatto, il mio angelo, si sente nel tono che usa, allora forse è vero, penso, ce l'ho fatta. Rimette in fila il racconto di Francesca come un professore riassume la lezione che lei ha imparato a memoria prendendo appunti, termini tecnici e terrificanti che già iniziano a sembrarmi abituali: ictus cerebrale ischemico, trattamento con trombolisi, la scoperta di una dissezione dell'arteria carotidea, l'intervento d'urgenza per via endovenosa, il posizionamento dei due stent, due giorni di attesa per verificare se la procedura ha funzionato, se sono fuori pericolo, due giorni in stretta osservazione nella speranza che non ci siano complicazioni, ma lo dice perché lo deve dire, dietro la compiaciuta serenità dei suoi occhi è racchiuso il segreto del mio destino favorevole, il Piccolo Principe ha fatto bene il suo lavoro, ha salvato un uomo. Si raccomanda di non muovere la gamba destra, quella fasciata, dove c'è l'arteria femorale da cui sono entrati con la sonda, per qualche ora ancora, una notte e poi potrò andare al bagno da solo. Ma io ho bisogno di rassicurazioni, le parole, le parole, chi se ne frega della mano lesionata, dove sono le mie parole, io ci vivo con le parole.

Capisce al volo i miei fonemi sconnessi: per me ce la farà, sentenzia, ci vuole tempo, ma penso che tra sette o otto mesi parlerà di nuovo, è la mia scommessa, sogghigna, vediamo se sarà bravo, dipende anche e soprattutto da lei. Dentro di me un lampo di orgoglio, sarò bravo, Principe, sarò bravo, non la deluderò.

Un'altra cosa però, riprende incuriosito, lei stava bene, nessuna patologia, le carotidi erano pulite. Non è per caso che stava andando da qualcuno che le faceva manipolazioni al collo? Trasalisco. Risponde d'impeto Francesca: Sì, da qualche settimana, per la cervicale! Be', replica il salvatore, è molto probabile che sia stata questa la causa scatenante; non abbiamo una prova certa, ma ne ho visti e salvati diversi che hanno avuto un ictus poche ore dopo aver subito una manovra cervicale violenta. Ma come è possibile, grido dentro di me, ma come è possibile? Sarà un errore, si sbaglia, mi è successo perché mi doveva succedere, non è colpa di nessuno, in caso è colpa mia, non pensarci più, non pensarci più.

Il problema è la colpa, sta per iniziare dentro di me il problema della colpa.

Il Piccolo Principe svolazza con il camice fuori dalla stanza, è orario di visita, c'è tanta gente fuori per me, mi informa Franci, tanti amici, colleghi, ma quanti, non hai idea di quanti, mi lenisce con l'affetto collettivo che avrei ispirato: sono felice, fantastico sulla presunta folla trepidante dietro la porta del reparto, ma allo stesso tempo ho paura di vedere qualcuno, ho paura soprattutto di parlare con qualcuno. Solo pochi, uno per volta, fatti forza, usa solo le frasi elementari che ancora escono dalla tua bocca confusa, il resto è sepolto nella sabbia del deserto sterminato che hai in testa. Io nel letto, arreso, loro con i camici trasparenti sopra i vestiti, subito quella distanza incolmabile tra l'infermo e la loro premura. Lascio che siano loro a parlare, decido tra me e me prima che entrino, ma so che non riuscirò a farlo, sono io il tizio che parla sempre, l'uomo sulla scena, il joker che mette le sue carte sul tavolo per fare una magia, è mio il microfono, accendete la luce, preparate le telecamere, persino qui, in questo pauroso eppure confortante ospedale, il mio nuovo nido, la mia nuova culla dove aspettare la notte.

L'inizio non presenta rischi, anzi sembra rassicurante: che bello vedere mio fratello, una felicità inaspettata, mio fratello maggiore, così diverso da me, lui sì che parla poco, io bruno, scuro, mediterraneo, ciarliero, lui biondo, pelle chiara, metodico, timido, tanto che io dico sempre che nostra madre ha fatto due viaggi segreti senza papà, uno in Svezia, ed è nato lui, uno in Marocco, e sono arrivato io, il mio fratello diverso con cui non ci confrontiamo mai, ognuno chiuso in una vita adulta dove il silenzio è un imbarazzo di intimità perduta, Roberto, Bobo, neanche quello so dire, una sillaba ripetuta, è facile, sembrerebbe, e invece no, Bo-Bo, lo chiamo, ma non trovo la B, neanche una semplice B, mentre mi dà un bacio che cerca di nascondere la sua inedita paura per me. Dieci anni fa, quando gli hanno diagnosticato una leucemia due giorni prima di Natale, all'insaputa dei nostri genitori e delle sue figlie, ero io a nascondere la paura e, con la nostra modalità di affetto incagliato, a fargli forza. Mi spiega che non ha riferito ancora niente a mamma e papà, voleva prima vedermi e parlare con i medici, inutile dare loro un'ansia così crudele senza conoscere la situazione esatta, meglio svelare direttamente l'esito positivo, tra poco andrà da loro e racconterà cosa mi è successo, che sto bene, che non devono preoccuparsi, perché il piccolo di casa, il piccolo di cinquantasette anni, ce l'ha fatta. Ha ragione. Una fitta di rimprovero contro me stesso si insinua nell'immagine di Bobo stasera a casa dei miei, il tavolo da pranzo dove passano da quindici anni le loro giornate sempre uguali, stanchi, anzi stremati nella parte più impietosa della vita, l'affanno di papà, i nervi scossi di mamma, il discorso impacciato di mio fratello per non sbagliare toni e termini, gli sguardi stupiti, la ferita della loro impotenza, le domande incessanti, finché preferiranno credere che le cose sono andate proprio così. Ce la faranno a venire domani? Ce la farò domani a vederli?

Dopo Bobo, la processione inizia, ma mancano pochi minuti alla chiusura dell'orario di visita. La mia amata nipote Alice, Edoardo, lo zio famoso ("Lui è il Vianello che canta" scherzava mio padre quando ero bambino, "io sono il Vianello che conta", ma in realtà non lo pensava) e persino lì controllo le occhiate incuriosite degli infermieri per un orgoglio di famiglia che non mi ha lasciato mai, nemmeno dopo, quando lavorando in tv qualcuno riconosceva anche me. Ma ne hanno viste tante quegli infermieri, non sarà un cantante degli anni Sessanta a intaccare la loro concentrazione quotidiana. Infine tre amici dei tanti in attesa, poche parole smozzicate per mostrare che sono uguale a prima. Ma non è vero, il ganassa che spesso si è impadronito di me come un impostore, stavolta è un ganassa impaurito. Aspetto di rivedere Francesca, come si dice Francesca?, il suo nome è cristallizzato nella mia mente, ma non scende nelle mie labbra, e mentre riappare in stanza, una Madonna dei miei affetti, realizzo che, come non so pronunciare il suo nome, non riesco nemmeno a scongelare i tre nomi più importanti della mia vita, i nomi che ho scelto io, insieme a mia moglie, quei nomi che stanno lì, regnano nel mio castello interiore come le uniche terre davvero importanti che ho conquistato, il mio senso della vita che è l'unico baluardo da difendere. I nomi di Maria Carolina, Goffredo e Vittoria, i nomi dei miei figli. Che non so più chiamare, proprio ora che per la prima volta ho bisogno disperatamente di loro.

# 4

Resto solo, in stanza. Anche se dietro al paravento semimobile è arrivato un nuovo degente, dopo un trambusto di medici e infermieri, voci di parenti, lembi di lenzuola intravisti nelle fessure. Una donna, credo. Una delle voci infatti, quasi offesa per quello che le sta accadendo, è una voce femminile, austera, un tono di nobiltà violata. L'altra voce è la mia. La voce interiore, che ora non sghignazza, ma riflette. La realtà è ancora falsata per la mia percezione, però provo a impormi un'equilibrata razionalità, proprio io, tutto impeto e pochi calcoli.

Prima riflessione: d'accordo, ci sono ancora due giorni per fugare le apprensioni che l'intervento possa essere andato male, che non so che significa peraltro, il rischio di una nuova operazione?, forse, però la mia sensazione è che il peggio è passato. Sarà la tranquillità infrangibile del mio Piccolo Principe, ma in questo momento non ho paura. Guardo la mano destra, si muove regolarmente, tuttavia è debilitata, come calpestata da un enorme cingolato che l'ha schiacciata mentre dormivo, e soprattutto conserva una inedita estraneità dal mio corpo, ogni sensazione attutita, non riceve la usuale elettricità.

Quanto alla gamba, invece, non capisco bene, infagottata com'è alla stregua di una mummia egizia. L'ordine perentorio di non muoverla mi impedisce di verificare le sue condizioni, però il piede si muove, non sento ostacoli.

Quindi la voce interiore, che mi sembra più saggia di un tempo, si concentra, in queste ore sospese che sembrano minuti e in realtà sono secoli, sull'apparente problema principale, il cruccio misterioso che ho timore di affrontare, il difetto spaventoso con cui mi sono risvegliato dopo la fine violenta delle trasmissioni, la follia che mi è entrata nel cervello, questo strano e buffo individuo che non sa più parlare e si è annidato dentro di me. Nella testa ho ancora tanta confusione, non ricordo bene che giorno è, che mese è, l'anno mi sembra il 2018, non sono sicuro, ma è il concetto stesso di numero che mi sfugge. Persino la mia data di nascita. Cosa sono i numeri, anzi? È terribile. L'unica combinazione che ricordo, incredibile, sono i numeri del codice d'accesso del telefonino che Francesca mi ha portato, che è rimasto più come un gesto automatico che come una sequenza memorizzata, è il dito a muoversi da solo. Il telefonino, posato sul comodino accanto a quel letto di detenzione, mi apre la porta del mondo esterno, anche se non sono pronto a usarlo per leggere, per esempio, i messaggi arrivati. Sembrano tanti. Ecco, leggere. Lo so fare. Lo so fare ancora, grazie a Dio, almeno mentalmente. Sarei finito senza poter più leggere, la vita che ho avuto si è sviluppata all'insegna di leggere, è stata la linfa inebriante della mia anima e della mia fantasia, per ora sono stanco, ma lo posso fare, posso leggere, il mio cervello in questo senso funziona ancora ed è una grande conquista.

L'aspetto esteriore, adesso. La mia faccia. Al tatto mi sembra tutto regolare, finora non ho intercettato sguardi pietosi e sospetti. Afferro il telefono con la mano sinistra, digito di nuovo in automatico la combinazione, a riprova di quanto questi strumenti diabolici siano entrati nel tessuto delle mie abitudini più radicate, persino in questo caos di labirinto confuso, e attivo in qualche modo la fotocamera. Con la mano danneggiata la rivolgo verso di me a mo' di specchio, voglio vedere il mio volto, cosa è rimasto sul mio volto dopo il passaggio del tornado, qual è il viso di uomo incenerito da un ictus. La bella sorpresa è accecante: sono sempre io, nessuna traccia apparente di conseguenze e neanche di dolore, nonostante il mal di testa feroce dalla tempia fino alla mandibola. Sempre io, stanco, stanchissimo, l'aria spossata, un'aura di virile malinconia, ma addirittura un'assurda parvenza di serenità negli occhi. Come se il tornado avesse ripulito tutte le strade, quelle meravigliose, quelle trafficate, ma anche quelle sordide, poco illuminate, nella città popolata dei miei pensieri. Non intravedo asimmetrie, bocche storte, segni della botta che ho preso. Controllo i denti, il mio unico grande problema dei denti, che mi ha segnato e rovinato l'adolescenza: un incidente con il motorino, un balzo nel vuoto, l'aiuola su cui sono atterrato a bocca spalancata, gli incisivi spezzati, e dopo, per tanti anni, la paura di sorridere, il timore di baciare una ragazza, la convinzione che non sarei diventato un uomo come tutti gli altri, la fissazione che ogni persona che incontravo pensasse solo a quei denti rotti che erano diventati l'emblema fallimentare della mia gioventù, finché, a diciott'anni, un dentista esteta e trascinante mi cambiò la vita con due sole sedute nel suo elegantissimo studio pariolino. Resto quasi incredulo a constatare che i miei denti sono ancora allo stesso posto, sopravvissuti a quelle ore fatali, rimasti intatti su quel sentiero in bilico tra la vita e la morte, tanto da pensare solo per un momento che stavo per farcela, morire con i miei denti splendenti e spavaldi che ogni giorno per quarant'anni ho avuto paura di perdere di nuovo. Ma ora ne ho una inaspettata, di paura.

La paura delle parole. Riprovo a dire i nomi dei ragazzi. Impossibile.

Credo di averli chiari nella mente, ma sono come dei prigionieri chiusi in una cella inaccessibile, sento i mormorii delle lettere che li compongono e nessuna comunicazione all'esterno. Provo, ed è un tentativo pietoso. Certo, a saperlo avrei scelto dei nomi più facili, Goffredo soprattutto, come riuscirò a pronunciarlo ancora? E Maria Carolina, nome lunghissimo, ormai, per me? Se è una femmina scegli tu, avevo detto a Francesca in quei mesi inediti di felicità per la prima gravidanza, ma mi raccomando, senza doppi nomi, tutti tranne i nomi composti: e lei un giorno è entrata nel mio ufficio alla radio, appena terminata la trasmissione che conducevo tutte le mattine, ha quasi gettato la borsa sulla scrivania, e con aria beffarda e occhi che le brillavano ha annunciato senza ammettere repliche: Maria Carolina, ho deciso così, perché voglio per lei anche il nome di mia madre, e tu non puoi fare altrimenti. Qualche frase comprensibile riesco a produrla, niente nomi propri, pochi sostantivi, piccole parole storpiate, non sono muto, anzi, tendo a cercare di parlare come prima, di dire quello che sento, e gli infermieri, gli infermieri premurosi e sempre sorridenti, rispondono stia buono, non è utile provarci, deve aspettare, adesso è troppo presto, ogni errore rischia di restarle sempre. Anche quest'ansia. Stai zitto, mi ammonisco, stai zitto, mentre spero ardentemente, convintamente, furiosamente, che si stiano sbagliando, che da un momento all'altro tutto tornerà come prima, l'incantesimo svanirà, riapparirà il solito chiacchierone, il solito parolaio.

Intanto arriva la prima cena dell'era nuova. Me la porta un collega del tatuato, che osservavo dietro il vetro perché mi ricorda un amico che ha lasciato il lavoro da dirigente pubblico per tornare in Lucania, a produrre orgogliosamente un suo pesantissimo Aglianico del Vulture e scrivere poesie naturalistiche e romantiche sulla sua terra, poesie che improvvisamente apparivano sul mio telefono magari nel mezzo di una accesissima ed estenuante riunione di scaletta. Ho deciso che lo chiamerò il Vinaiolo.

«Tutto bene, signor Andrea? Alziamo un po' il letto?» anche il suo accento ricorda il mio amico. «Proviamo a usare la mano destra per mangiare?»

Credo di aver cercato di fare una battuta: non ha capito un picchio, ma sorride di generosità. Mi aiuta a togliere le posate di plastica dal cellophane, avvicino quella strana mano dai movimenti goffi alla forchetta, la alzo come fosse un'incudine di sette quintali, le dita si aggrappano alla plastica quasi dovessero triturare la forchetta, le penne al sugo mi sembrano un miraggio irraggiungibile, mulino la mano come un pennone di una barca a vela, e miracolosamente riesco ad afferrare due penne con la forchetta e introdurle nella bocca.

Esulto intimamente. Sto mangiando da solo.

# 5

I primi giorni in ospedale sono scanditi da notti agitate, i risvegli continui, il malefico mal di testa che mi logora, diverso da quello del giorno prima dell'ictus, ma quasi una conseguenza della riparazione del danno, che il giovane salvatore mi ha spiegato essere usuale, «Un paziente mi ha riferito di averlo avuto tutti i giorni nei due anni successivi all'operazione», allegria. I giorni con la febbrile eppure mai agitata attività del reparto, che inizia a diventare come una famiglia parallela, la colazione sempre difficile a causa della mano impedita, la visita dei neurologi del reparto a metà mattinata, il check delle mie condizioni, le domande dei giovani assistenti con i loro sguardi incuriositi, il rumore dei sensori per verificare i famosi parametri vitali, la fascia pressoria intorno al braccio che si attiva continuamente, e l'attesa delle visite, un'ora la mattina, un'ora nel pomeriggio. Oltre al Tatuato muscoloso e al Vinaiolo lucano, altri personaggi entrano nelle abitudini rassicuranti della mia nuova realtà: il Preside, in realtà il caposala, che delimita il suo territorio di ruoli e confini; Nino Manfredi, che non a caso è stato un formidabile paramedico in *C'eravamo tanto amati*, che accetta le adempienze con cinismo rassegnato; l'Onorevole Angelina, che quando arriva lei non ce n'è per nessuno e noi pazienti sembriamo alunni in castigo anche se non abbiamo fatto niente di male; la Nuova, che nel mettermi un ago della flebo aveva così paura da confessarmi candidamente di essere al suo primo giorno, e io, nonostante non riuscisse a prendermi la vena trasformando il mio braccio in un terreno minato, facevo finta di niente e provavo a dirle brava (qualcosa di simile); Belén, perché ormai c'è sempre una Belén nelle nostre fantasie adolescenziali da maschi italiani trogloditi, persino se allettati in un ospedale, che vergogna, è la più attraente, certo, o anche solo la più gentile, e che lì è una ragazza di Napoli dal sorriso vezzoso e un'eleganza professionale che la vera Belén invidierebbe. Sono tutti bravi, sembra un miracolo quel reparto di sanità pubblica, ma d'altronde siamo al Gemelli, l'ospedale cattolico, una delle eccellenze romane, l'ho constatato le volte che hanno ricoverato papà per i suoi problemi cardiaci, anzi, strano che i miei amici medici che lavorano qui non siano ancora venuti a trovarmi, Andrea, Stefano, Nicola, sempre premurosi, eppure ho cercato di dire a Franci di avvisarli. L'unica che passa è Anna, una compagnia provvidenziale, ma sono convinto che non lavori al Gemelli, ora non ricordo bene dove, fa ricerca, è sicuro, ma non al Gemelli.

Al di là del paravento, ho fatto conoscenza, intanto. La signora Luisa, quella dalla voce altera. Mi fa ridere, mi fa commuovere, la sua stralunata sensazione di essere qua per caso, stava solo andando dall'oculista per un controllo alla cataratta e si è trovata in questa stanza, senza la vestaglia che le serve, senza le pantofole, ma adesso verrà mia figlia, mi spiega, dopo che io mi sono presentato senza nome e senza volto, un semplice ciao dall'altra parte della stanza, perché ciao lo so dire, eppure è pieno di vocali, sembrerebbe difficile da pronunciare, lei continua a ripetere adesso arriva mia figlia e le chiederò quello che mi occorre, mica penseranno di tenermi qui dentro per una visita dall'oculista, Madonna pellegrina? Mi parla del marito che viaggiava in Oriente per lavoro e che se n'è andato via nel sonno, dopo una malattia, della sua bella casa sempre in penombra, le amiche pettegole da cui non riesce a scappare, il quartiere alberato dove vive da trent'anni vicino al Tiburtino. Io la ascolto, commento con tentativi di frasi, annuisco dal mio letto parallelo, cerco di costruire parole. Intanto ho capito una cosa importante delle mie condizioni sciagurate: mi sono rimasti due livelli per esprimermi, uno istintivo, automatico, quasi una memoria che continua a correre come sempre anche senza benzina, poche parole intatte, fondamentali per comunicare. Alcune di queste parole sono sopravvissute quasi per necessità: acqua, pane, pasta, bene, male, sì, no, e d'improvviso, a volte, posso associarle a un contesto verbale elementare, peraltro senza sbagliare i tempi. Ma a parte questo substrato residuo di vocabolario, il livello successivo, quello del linguaggio articolato, ragionato, controllato, in pratica quello che usiamo quando iniziamo a parlare, sembrerebbe compromesso. In particolare i nomi, propri e comuni. In questi primi giorni di visite sono riuscito a pronunciare solo quello di un mio amico, Riccardo, ma senza pensarci, alla romana, «a Ricca', che dici?», retaggio riemerso di tante conversazioni davanti a un bicchiere di vino. Lui, lusingato, si è commosso. E anche io. Però il lavoro che ho fatto negli ultimi trent'anni mi aiuta a tentare strade di comunicazione che aggirino i problemi: in radio e in tv ho imparato a parlare sempre, prendere tempo, gestire il discorso finché volevo, e alcuni trucchi ora diventano provvidenziali. Quindi per chiamare mia moglie che aspetta fuori dalla stanza, visto che non so dire Francesca, ma neanche moglie, sposa, compagna, figuriamoci coniuge, avviso i miei infermieri di dire "alla donna che vive con me" che ho bisogno di lei. I dottori mi hanno menzionato alcuni termini, anomia, afasia, non li conosco, e non so niente di neuroni e cervello, ho sempre pensato però che prima o poi proprio lì avrei avuto un problema, al cervello, il mio vanto, sempre surriscaldato, sempre a pieni giri, più veloce, più veloce, le idee a bruciapelo, giuste o sbagliate non importa, le battute, proprio le parole, «il mio cervello, il mio secondo organo preferito», come diceva Woody Allen, ecco, se avrò la sventura di un male da sconfiggere sarà lì che mi prenderà. Ma non pensavo a un ictus.

Però. Però non sono arrabbiato. È questa la cosa strana. Non sono arrabbiato contro il destino, la sfortuna, nemmeno contro il manipolatore che forse mi ha toccato male il collo, perché dentro di me, per quanto sembri assurdo, la vocina molesta stavolta è serena e dice qualcosa di sacrilego, dice: "Meglio così". Dice: "Eri sempre incazzato, pieno di rancori, rimpianti, notti insonni, tradimenti subiti, ingiustizie, insoddisfazioni, voglia di riscatto, che vita era? Meglio così". Dice: "Dammi retta, sarà difficile, al momento sei un relitto che non sa parlare, ma forse potresti ricominciare da capo, pensando alle cose importanti". Questa stronza, retorica, vocina interiore.

# 6

È il terzo giorno di degenza postoperatoria, ma naturalmente non sono in grado di risorgere. Piuttosto, dopo che l'Onorevole Angelina e Belén mi hanno sballottato come un pupazzo di pezza per rifare il letto, uno dei momenti più umilianti della giornata, trovo il coraggio di usare il telefonino, che probabilmente sono l'unico che ancora lo chiama così. Messaggi da leggere: più di trecento tra Sms e WhatsApp, che è una parola impronunciabile anche mentalmente, per me. Persone che hanno saputo della disgrazia, amici che chiedono notizie, incoraggiamenti. Per farli scorrere uso la mano sinistra, che ha iniziato a capire che da adesso in poi dovrà fare un super lavoro. Ho la conferma di saper leggere mentalmente, ma se cerco di sillabare le parole che mi trovo davanti mi sento come una zattera alla deriva che vorrebbe risalire la corrente di una cascata. Quindi posso leggere in silenzio, ma non a voce alta: nuovo problema, anche se prevedibile con la logica, ma non sono momenti logici, questi miei momenti da scampato dalla morte. Non sono pronto a controllare tutti i messaggi, però scorro i nomi dei mittenti e l'inizio dei testi, alcuni imprevedibili, sorprendenti, con un trasporto inaspettato, che mi confonde e mi riscalda. Amici increduli, confusi e impauriti, il famoso conduttore con cui ho avuto delle incomprensioni mentre facevo il direttore di rete, conoscenze perdute e improvvisamente riapparse nel momento dell'urgenza, e chissà da chi hanno saputo, giovani colleghi che scopro più attaccati e riconoscenti di quanto avevo sperato nel mio pessimismo recente, antichi maestri premurosi verso l'allievo invecchiato a tal punto da rischiare di andarsene prima di loro. La sdolcinata vocina interiore, che inizio a detestare, ha gli occhi lucidi. E anche io, stavolta. Ma nello stesso istante realizzo che non sono in grado di rispondere a nessuno.

Non so scrivere più.

Dio mio, non so scrivere più.

Come nella lingua e nella bocca, le parole non scendono. Sono bloccato da un'impotenza inaudita: non è un problema della mano destra, che pure è impacciata, in particolare maneggiando il cellulare, ma di una barriera invisibile tra loro, le parole, e il mio controllo. So che cosa vorrei scrivere, come sempre, ma una ragnatela avvolge le stanze oscure che conducono dalla mente al gesto automatico che ho compiuto da quando avevo tre anni di età. Ho una nausea da frustrazione. Non riesco più a parlare, non riesco più a scrivere: qualcuno mi svegli, vi prego, è l'unica capacità che mi riconosco davvero, è la mia identità sociale, la mia abilità speciale, il vestito sgargiante con cui mi mostro in pubblico, il segno della mia esistenza, sono io.

Da ragazzo non avrei mai pensato che la mia vita sarebbe stata così piena di parole. Sono stato un bambino ciccione, chi conosce da dentro i bambini ciccioni sa la solitudine che li strugge, il senso di inadeguatezza che gli resterà per sempre. Fanno ridere, i bambini ciccioni, capiscono da soli che è meglio fare i simpatici che i bersagli, e a casa piangono da soli. Quando arriva l'adolescenza, odiano quel grosso corpo che si portano dietro come un fardello da giullare, odiano quella loro giovialità che è diventata codardia, la loro cameretta è ora una prigione dove non ci sono chiavistelli ma solo la paura di uscirne. Non importa se alla fine trova la dieta decisiva, in tempo per la rampa di lancio della sua gioventù: il danno è fatto. Anche da adulto, in qualunque fase della mia vita oscillante tra chili in eccesso e fasi penitenziali, non c'è stato un giorno in cui togliessi la maglietta in spiaggia senza temere gli sguardi degli astanti. Nel mio caso, il mix tra il ragazzo cicciottello e il ragazzo che non voleva sorridere più per non mostrare i denti è stato micidiale. Ma, come diceva Pirandello, la vita o la vivi o la scrivi, e io pensavo di scriverla. A quattordici anni iniziai con dei piccoli racconti, e nella catena di giorni sempre uguali, scuola, pochi amici, Subbuteo, film, libri, negli anni successivi ho continuato, racconto dopo racconto, fino a credere che ce la avrei fatta, sì, sarei diventato uno scrittore. Le parole improvvisamente si erano trasformate per me in armi fondamentali di riscatto e di bellezza; ma le parole scritte, perché al contrario non intravedevo niente di speciale nel mio eloquio, quale eloquio, poi, se in una comitiva composta da più di due persone facevo il pesce palla invece dello squalo? Scrivevo, mi struggevo, scrivevo, mi struggevo, un Leopardi sovrappeso. Quando un dietologo psicopatico e il dentista alla moda mi raddrizzarono la giovinezza, a poco a poco cominciai a vivere la vita, invece di scriverla. Dentro di me agognavo comunque ad affermarmi come romanziere, ma siccome era poco saggio e ingenuo esternare il mio sogno, pubblicamente, in famiglia, tra gli amici, sostenevo il progetto di diventare un giornalista, mestiere all'epoca ancora ammantato di un certo prestigio. E a forza di dirlo me ne convinsi davvero. Avrei scritto, ma non avrei fatto il sognatore. L'università fu ancora un doppio binario: Lettere, e in particolare un piano di studi incentrato sulla letteratura sudamericana, nello specifico brasiliana, e un'inutile scuola di giornalismo pioneristica, che non portai a termine per quanto era inutile. Le parole di cui mi nutrivo erano diventate magiche, il realismo di García Márquez mi aveva illuminato sulla via di Cartagena, dintorni di Damasco. Cercavo di imitarlo, scrivevo novelle brevi picaresche, avevo trasformato i quartieri di Roma Nord nella foresta amazzonica della mia fantasia, grazie all'incoraggiamento di una docente e scrittrice argentina, Rosalba Campra, che per il resto della mia vita penserò di avere delusa. Perché a poco a poco l'ex adolescente introverso era divenuto un giovane più aperto, con quella fame di tempo perduto che lo spingeva a darci dentro, a cercare un'affermazione sociale che poco si confà ai tormenti interiori del romanziere. Volevo essere brillante e usavo sempre le parole, ma non più solo scritte, anche pronunciate finalmente, per provarci. Dopo la laurea, come sempre il destino sceglie da solo: respinsi per forza maggiore, a causa dell'adempimento dell'anno di leva obbligatoria, la suggestione di andare a dirigere il Centro culturale italiano a Fortaleza, non ancora diventata meta del più bieco turismo sessuale per molti nostri connazionali, e iniziai collaborazioni praticamente gratuite con piccole pubblicazioni specialistiche e locali, proprio il gotha del giornalismo italiano. Un giorno, spedito dal quotidiano "Puglia" alla cruciale presentazione dell'annuario astrologico di Lucia Alberti, incrociai una famosa conduttrice di programmi televisivi di salute, Rosanna Lambertucci, che avevo conosciuto attraverso lo zio Edoardo, per cui avevo iniziato a comporre i testi delle nuove canzoni; fecero così tanto clamore da finire quasi tutte, qualche anno dopo, in un suo disco intitolato *I miei grandi insuccessi*. La Lambertucci mi confuse con qualcun altro, le ricordai imbarazzato il mio nome e me ne andai a scrivere l'incensata recensione di quel volume di alta letteratura. Tre giorni dopo, una tipa mi telefonò a casa parlando a nome della Rai per chiedermi se avessi voglia di sostenere un provino per un piccolo gioco a premi televisivo in un programma del mattino, condotto proprio dalla Lambertucci. Pensai a uno scherzo, ma andai comunque. Entrai sospettoso nella mitica Dear, il centro televisivo della Rai al Nomentano, mi introdussero in uno studio buio, mi fecero sedere a una scrivania sotto i riflettori e con tre camere davanti e dall'alto, nell'oscurità, una voce roca mi disse: «Ciao, mi chiamo Pietro, sono il regista: fai finta di presentare un gioco con domande e vincite in gettoni d'oro, improvvisa. Segui la camera dove vedi la luce rossa accesa e parla. In bocca al lupo. Partiamo». Non avevo mai fatto una cosa del genere, anzi, non avevo mai parlato in pubblico, nemmeno a un pubblico virtuale, e non sapevo da che parte incominciare. Ma parlai. A macchinetta, senza fermarmi mai, mille sciocchezze una dopo l'altra, e in più senza sbagliare una camera che il regista apposta cambiava sempre più velocemente per mettermi in difficoltà. Rimasero stupiti tutti, io per primo, ed ebbi la benedizione della Lambertucci, che sbucò da dietro le quinte. Avrei condotto quel gioco per una stagione, tre giorni a settimana, quel non memorabile quiz sulla storia delle scarpe sponsorizzato da una marca di calzature ortopediche all'interno dell'edizione quotidiana mattutina di *Più sani più belli* (sic!), ma, cosa più importante, avevo scoperto un piccolo talento inatteso. Due anni dopo, mentre mi cimentavo nell'orale del primo concorso pubblico bandito in vent'anni per entrare veramente in Rai come un giornalista, e la commissione giudicatrice era presieduta nientemeno che da un mostro sacro come Sergio Zavoli, quell'abilità di parlatore seriale scoperta così per caso fece la differenza, e nel 1990 venni assunto alla Radio Televisione Italiana. Iniziai la mia storia professionale. Scelto, insieme ad altri vincitori di quel concorso anomalo, visto che non avevamo padrini politici, da un direttore eccezionale, Livio Zanetti (richiamato dal Pri di La

Malfa dalla pensione per guidare il Gr1, perché all'epoca la lottizzazione era una lottizzazione di qualità), mi innamorai della radio e scoprii una dote naturale: la voce. Sarei stato una voce per molto tempo: inviato, conduttore, curatore di *Radio anch'io*, gli anni più emozionanti e appassionati della mia vita, e anche fortunati, dato che al Giornale Radio avrei anche conosciuto una ragazza giovane e riservata, ma dalle gambe lunghissime e un mistero da sciogliere: si chiamava Francesca e sarebbe diventata mia moglie e la mamma dei miei figli.

Voce, scrittura, parole. Sono tutto lì. Anche dopo, sbarcato in televisione. E diventato di volta in volta l'investigatore degli enigmi della storia, il paladino dei diritti dei consumatori, l'anfitrione nell'Agorà mattutina, sicuramente avevo adesso un volto riconoscibile, ma restavo un uomo di voce, scrittura e parole. Capite perché in quel letto di ospedale, separato dalla realtà di una vita propiziata dalle parole, ho creduto dannatamente di essere perduto?

# 7

Oggi si vola. Esco, ma solo per pochi minuti. La dottoressa tedesca del reparto, infatti, mi informa che devo fare un esame di controllo, passate già da un giorno le famose quarantotto ore: un eco-doppler, dice. Non so esattamente cosa comporti, non ho ancora la testa a posto per realizzare bene il termine, anche se lo me ricordo. Ma è un buon segno, presumo. Dalla sera prima mi hanno fatto alzare in piedi, la gamba non è più fasciata, la compressione nel punto in cui sono entrati con la sonda nell'arteria femorale è andata a posto. È rimasto solo un grosso cerotto. L'esame di questa mattina può fugare altri dubbi, ma le cose stanno andando regolarmente, è solo routine, dice la neurologa germanica: unica cosa, devo recarmi in un'altra ala dell'ospedale, e servirà un'ambulanza per portarmi. Trambusto. Barella o sedia a rotelle? Barella, decidono. Provo allo stesso tempo eccitazione per la novità e panico per il fatto di lasciare la postazione protetta del mio letto, diventato una tana, e il panico mi ingarbuglia ancora di più le parole: sconnesse, escono fuori sillabe in libertà, sembro un idiota, e più sembro un idiota, più mi umilio. Il Vinaiolo mi tranquillizza, mi aiuta a mettere la vestaglia sopra il pigiama, calzare le pantofole, insieme a Nino Manfredi mi fa alzare, ed eccomi pronto per la nuova avventura. Saluto la mia nuova amica di letto Luisa, come un volontario che va in missione nella zona comanche, e ritrovo il mondo di fuori, che mi accingo a osservare con occhi vigili. I paramedici mi spingono in sedia a rotelle fino alla porta chiusa, al di là della quale immagino negli orari di visita aspettano amici e famigliari il proprio turno, qualcuno nel reparto mi ha preso in giro riferendosi a me come la *vedette* dell'ospedale, seguo le mattonelle lucide e colorate del pavimento, grandi rettangoli verdi, grigi, rossi, ocra, un corrimano bianco che voglio afferrare nella curva, la pesante porta d'ingresso del reparto. Sono fuori, ma non vedo praticamente niente di significativo. Un ascensore subito a sinistra, io, i due paramedici e la mia precaria sedia. Arrivati al piano previsto, la vita. Persone, vociare, non sono più abituato. Cerco i riferimenti abituali del Gemelli, dove sono stato mille volte per i ricoveri di papà. Non li trovo. Ma dove sono il lungo corridoio con la libreria, l'affollato bar a destra in fondo, l'atrio spazioso che diventa il crocevia dove darsi appuntamento? È tutto diverso, persino l'aspetto architettonico; sembra un viaggio nel tempo, un sanatorio di prima della guerra, mi aspetto di vedere soldati feriti e premurose infermiere. Sono confuso. Ma d'improvviso entriamo in una grande sala, due enormi colonne, una scalinata a due ali fino a un ballatoio in marmo con altre colonne, un'imponenza che riconosco, e a destra le ampie porte a vetrata su un viale alberato, e i colori e i rumori della vita che scorre. Avevo sbagliato ospedale. Per quattro giorni, i quattro giorni più drammatici della mia vita, ho creduto di essere in un'altra parte di Roma, e invece no: non è il Gemelli, ma il policlinico Umberto I, l'ospedale più grande della nostra città, come è logico, essendo più vicino a casa mia. Ecco perché i miei amici medici non venivano a trovarmi, ecco dove lavora Anna con le sue ricerche. Avevo perso la bussola, forse mi ero identificato con mio padre, invece ero nel centro di Roma, nell'università della mia gioventù. Il policlinico Umberto I, non riuscirò a dirlo mai, faccio fatica a dirlo nella mia testa. Nello stesso tempo, mentre fendiamo la piccola folla che transita nell'atrio per raggiungere l'ambulanza parcheggiata sotto i gradini, subito dopo le porte d'ingresso, mi rendo conto che qualcuno mi guarda incuriosito, un cenno di ricordo negli occhi, una perplessità fugace, un girarsi a guardarmi, "dove l'ho visto questo?", i miei retaggi di popolarità che ho sempre sottovalutato. Per fortuna, perché ne conosco tanti in tv che vivono solo per essere riconosciuti; a me fa piacere, è anche uno stupore gratificante, però in queste condizioni, ammetto, mi sento a disagio.

«Ce la fa?» si accerta il paramedico mentre sta aprendo la portiera basculante dell'ambulanza.

Scelgo la parola più immediata, visto che la so dire: «Sì».

Non credo di avere risposto solo con un sì negli ultimi quarant'anni di rapporti sociali. Le cose cambiano, ha sempre detto un mio amico.

L'auto si muove, resto come un bambino attaccato al finestrino per vedere fuori. Usciamo dall'ingresso, svoltiamo a sinistra, è un giorno pieno di sole, è la strada che ho fatto per anni per andare all'università, quegli anni che ho amato tanto, i miei migliori anni della nostra vita, è strano che le stanze della memoria sembrino delle matrioske in questi giorni smarriti. Un semaforo. È veramente incredibile che il mondo non si sia fermato mentre ero chiuso laggiù, mi fa sentire inutile, nonostante sia chiaramente una stronzata. I palazzi umbertini. L'ambulanza varca un cancello e si arresta all'ingresso di un istituto, su cui a larghe lettere sta scritto CLINICA DELLE MALATTIE NERVOSE E MENTALI: non poteva che finire così, rido stoltamente, mentre mi fanno scendere e mi rimettono sulla sedia. Un professore, con tre giovani assistenti, mi saluta distrattamente una volta entrato nel suo studio. «Potete andare, ci vorrà una mezz'ora. Faremo arrivare un'altra ambulanza per riportarlo al reparto.» Ho l'idea di essere un oggetto ingombrante. Quando tolgo la vestaglia, mi vergogno del sacchetto delle urine che mi porto dietro. Il prof, un tipo frenetico che sembra avere un miliardo di cose più importanti da fare oggi, una volta sbrigata la pratica di questo arruffato signore in pigiama, mi fa sdraiare su un lettino, parla con le tre ragazze assistenti, illustra pedantemente cosa dovranno capire dell'esame in questione, a me invece dà solo piccoli ordini imperiosi. Mi sento un deficiente. E ho paura: di cosa troverà, dell'espressione che scruterò nel suo volto, dell'aspetto attento e preoccupato delle specializzande. «Volti la testa, da bravo» mi ammonisce, sì, padrone. Fa scorrere una sonda sulla pelle del collo, si sente quel rumore che ricorda il *Nautilus* mentre sprofonda negli abissi in *Ventimila leghe sotto i mari*. «Vedete» attira l'attenzione delle tre ragazze mute, non so se per soggezione o per noia dissimulata, «qui c'è un primo stent.» Armeggia con una sonda fredda per trovare una visuale migliore. «Un po' più alto il mento, così, bravo.» Ho vinto una nota di merito. «Il secondo stent non si vede, lo hanno situato nella zona intracranica. Dobbiamo controllarlo dopo. Perché lo hanno messo lì, secondo voi?» Sono in una puntata di *Grey's Anatomy*, un istante e arriva la dottoressa Bailey, furibonda. «Perché il chirurgo si è reso conto, dopo aver piazzato il primo stent, che la dissecazione della carotide continuava anche dopo?» interviene la più secchiona delle tre nuove aspiranti star della neurologia. «Bingo» conferma il prof compiaciuto. D'improvviso si rivolge a me: «Lei è stato fortunato, se lo ricordi». E chi se lo scorda? Me lo dite tutti! L'esame va avanti, analisi del flusso sanguigno, le frequenze con gli ultrasuoni, l'apporto della linfa vitale al mio malandato cervello, supino, seduto, finito. Il medico si china sulla sua scrivania, «Va tutto bene» sentenzia, regalandomi un gesto di benevolenza davanti ai miei occhi imploranti. Trovo la voce per approfittare di quel varco inaspettato nella sua scontrosità: «Tacherrò si muono?», che sarebbe in realtà "Parlerò di nuovo?". Si abbassa gli occhialini tondi: «Come prima, non credo. Serviranno mesi. Ma è vivo». Una doccia fredda. Il primo che ha messo in dubbio la mia guarigione, perché per me la guarigione è sentire la mia voce fluente di un tempo, un secolo fa, ben quattro giorni fa. Però ha ragione, il professore impietoso, sono vivo. La sua attenzione è già scemata, con una telefonata chiama un'infermiera a cui ordina di far tornare l'ambulanza, «Arrivederci» mi congeda, le tre muse della medicina annuiscono, il tempo di dire un grazie smozzicato e sono fuori dalla stanza. L'infermiere mi deposita in una sala d'attesa promettendomi l'arrivo dell'ambulanza che mi riconsegnerà al reparto in pochi minuti. Ma è un porto di mare. Un banco per l'accettazione, persone che aspettano, persone che arrivano e vanno via, persone alla ricerca di informazioni, giovani, anziani, persino un bambino. E sono lì, barricato nella sedia a rotelle, spettinato come dopo una notte di tormenti, un po' di crema ancora sul collo dopo l'ecografia, cercando di stringere più che posso la cintura della vestaglia per evitare che si veda il sacco delle urine, i pantaloni sgualciti sopra le pantofole di casa, con la stessa sensazione di essere nudi a Piazza del Popolo, e sperare che da un momento all'altro arrivino a portarmi via. Ma non succede. Mi hanno dimenticato. E i minuti passano, la mia presenza inizia a farsi notare. «Ma lei è il giornalista?» mi chiede un signore con i capelli lunghi ed evidentemente tinti. «Sì», sferro la mia risposta preferita, sorrido, spero che non faccia altre domande, mi fa i complimenti invece, «Bel programma», e io vorrei dirgli guardi che non lo farò più quel programma, guardi che non sarò più quello che ero. Resto con la testa bassa, un inserviente sbucato all'improvviso con la barella ammicca e mi dice: «Mi manda Rai Tre!», molti mi chiamano così poiché non si ricordano il nome, con la mano sinistra gli faccio il gesto del pollice alzato. Voglio andare via. Ho vergogna. Mi sento disarmato. Buffalo Bill al circo Barnum. Ma è un circo dove nessuno viene a divertirsi. Passa quasi un'ora, c'è stato un equivoco, un'ambulanza mi aspettava da un'altra parte, erano arrivati e hanno pensato che fossi già stato portato via, il professore mi trova da solo e cazzia l'infermiera. «Scusi, mi spiace.» Non importa, penso io, non importa, torniamo al reparto, torniamo a casa.

# 8

Casa: reparto Utn, Unità di Trattamento Neurovascolare e Neurologia d'Urgenza. Le chiamano Stroke Unit, a Roma mi ha detto Francesca che ce ne sono solo quattro, le uniche attrezzate per intervenire, elaborare le terapie e gestire i primi esiti di un ictus e di un'emorragia cerebrale. *Stroke*, colpo: perché è quello che ho avuto, un colpo. Per merito di mia moglie e della sua freddezza nel chiamare il 118 sono finito in uno dei posti giusti, sennò non ce l'avrei fatta. Appena otto letti, personale medico e infermieristico tre volte tanto, quando ne uscirò voglio raccontarlo a tutti. Sono tornato quasi autonomo, vado in bagno da solo, che è, ho capito, una conquista cruciale: mi alzo dal letto da solo, attraverso il corridoio da solo, entro in bagno da solo, addirittura mi posso chiudere a chiave. E mi guardo allo specchio. Non sono tanto diverso. Più magro: la migliore e la peggiore dieta che ho fatto. Ogni volta che ritorno nel letto, cerco nel cassetto metallico del mio comodino il foglio, già sgualcito, che è diventata la mia Bibbia. L'ha composta mia zia Paola e ci sono le foto e i nomi della mia famiglia: per provare a pronunciarli. È difficilissimo. Ci provo ogni giorno, ogni ora, ogni secondo; è il primo momento, dopo il sonno frammentato nelle lunghe notti, di ogni giornata.

Costantemente, appena lo agguanto con la mano destra che non sa dosare più la forza, guardo i volti della mia vita e mi viene da piangere, mi sono trasformato in un mollaccione. Sono nove, nella gerarchia applicata da mia zia Paola, il nucleo diretto della mia famiglia. La prima è proprio lei, la mia donna, la mia compagna che era stata la ragazza fragile di cui mi sono innamorato per proteggerla, e invece è diventata la donna indistruttibile che sa fare quello che non so fare io, praticamente tutto, metà Wonder Woman, metà Maga Magò, con un nome diffusissimo eppure per me una montagna gracchiata da scalare: Francesca. Troppe consonanti insieme. Proprio non esce. La foto scelta dalla zia la trova inebriante di felicità, bellissima, durante la festa dei diciott'anni della nostra figlia più grande, solo quattro mesi fa: una risata commossa, l'orgoglio e l'identificazione con il suo alter ego a cui, come agli altri due, dedica sforzi infaticabili. La ragazza ferita che ho visto sbocciare in una donna forte. Fra-n-cesca: non produco un suono nemmeno simile. Ci proverò di nuovo, fino a che potrò dirlo naturalmente come sempre.

Poi c'è la festeggiata, ritratta nella stessa serata, la sua serata che aveva tanto sognato. Maria Carolina, anzi c'è scritto M. Carolina, sotto la foto. Comunque troppe sillabe. Sorride con il vestito blu di raso e trasparenze che ha fatto confezionare su sua ideazione, davanti al fondale di cielo stellato che era il set fotografico, stupenda, la mia ragazza. Pochi giorni dopo quella festa, io e lei, come promesso inopinatamente da me a tutti i tre figli in tempi non sospetti, saremmo partiti da soli per una settimana a New York, un viaggio che avevo avuto ansia di gestire, visto che per la prima volta saremmo stati tra noi così lontano e così a lungo, e non sapevo quale potesse essere il modo migliore di soddisfare le sue aspettative, e che invece sarebbe stata una settimana magica e perfetta, tanto da pensare che nel bilancio della mia vita a rischio resterebbe un'appagante voce inaspettata all'attivo. Nella parte finale mi avvicino alle sonorità del suo nome: Tarira...ina. Poco, ma è già qualcosa.

Tocca a Goffredo, il mio adorato, misterioso, proiettivo, silenzioso, emozionante a vederlo ogni giorno, senza un perché, se non per il fatto che è il mio unico figlio maschio, frutto di retaggi culturali e psicoanalitici: quando ogni domenica lo seguo nei campionati minori di calcio in terribili campetti di periferia e strepito sugli spalti come un incivile, uguale a certi papà degeneri che solitamente stigmatizzo, lui mi guarda dal campo come se si vergognasse, quasi preferisse non conoscermi. Io un esagitato, lui un gentleman, che lezione settimanale. La zia Paola per lui ha scelto una foto di tanti anni fa, era ancora un bambino, mentre ora ha almeno dieci centimetri di altezza più di me, vero e unico Watusso dell'intera famiglia dei Vianello. Troppo alto anche da pronunciare. Come Francesca, è un intruglio inestricabile di lettere, quel trittico vicino di GFRD, una sciarada, un nome esoterico, un vicolo stretto e inerpicato che né il mio cervello né la mia lingua possono affrontare.

Manca solo la piccola... quasi quindici anni, ma quale piccola? Nella foto scelta da Paola, ha un'aria dimessa. Invece è una dinamo di energia e determinazione. I terzi, quelli che devono fare da soli. Lei è così: autonoma, indipendente, simpatica, ma l'onda dell'adolescenza, che per le ragazze è una possessione repentina che trasforma da un giorno all'altro una tenera bamboletta in Linda Blair dell'*Esorcista*, sta lambendo la sua personalità. Vittoria. L'unica che riesco quasi a dire: male, ma il tono è quello, la struttura è quella, si avvicina. Bitoria. Ci sono quasi. Manca poco e la prendo, Vittoria.

Sul foglio degli affetti c'è Bobo, Roberto, anzi, in un'istantanea pare recente, dove sorride luminoso e soddisfatto, un'espressione rara per lui. Mamma, poi. Mia mamma, mammina mia, la mammina tormentata che mi ha trasmesso l'inquietudine e la sensibilità senza le quali sarei stato un uomo banale, e le sono grato per questo, e anche lei ride, proprio adesso che ogni giornata è una croce di spossatezza. Ma dove le ha trovate, la zia, le strane foto che mi osservano? Papà, anzi papi, papone, mi ha insegnato che una persona deve farsi da sola, per fortuna o purtroppo, l'etica del lavoro, e quell'ironia che contraddistingue entrambi e che ci ha salvato tante volte. Sono le prime parole di un bambino di un anno, mamma, papi, e sono rimaste intatte. Una base da cui ripartire. Restano le mie nipoti adorate: Alice, che è sempre ottimista, e avrò bisogno di lei e della sua positività trascinante, e Valentina, che nacque in un giorno di luglio e la notizia mi arrivò mentre seguivo le prime ore strazianti a Palermo dopo la strage di via D'Amelio, e di quei giorni roventi ho un ricordo binario: la fine di tutto, l'inizio di una vita. Entrambe sono al momento impronunciabili, sebbene Alice sembri più accessibile. Ma ammetto che mi sto concentrando soprattutto sui primi quattro nomi della lista. Non ho ancora parlato con i ragazzi, a parte quella volta iniziale, subito dopo l'operazione, con Maria Carolina, di cui ricordo una presenza fantasmatica: Goffredo e Vittoria sono ancora minorenni e non possono entrare all'ospedale. Ma io non li voglio vedere, non riesco neanche a parlare con loro, si fa per dire, al telefono, ho un terrore folle di farmi sgamare così debole e spaurito, un padre che ha perso le parole. Franci mi ha mandato un video dove i tre mi salutano dal tavolo della cucina, Carolina intraprendente, Vittoria gioiosa, Goffredo chiaramente forzato; lo guardo continuamente, ma non so quando sarò pronto per affrontarli.

# 9

Sto iniziando a rispondere ai messaggi: la tastiera dello smartphone, o come cazzo si chiama, è un sudoku intricatissimo, ma devo trovare un modo. Sono paralizzato. Uso le dita della mano sinistra, la destra è solo un appoggio traballante. Ho due possibilità: tentare di scrivere, anche se fino adesso era stato impossibile, o evitarlo per paura di un fallimento. Scelgo la più agevole, le orribili faccette. Far vedere che sono vivo, che ho ancora il sale in zucca, persino una certa disinvoltura, e soprattutto ringraziare. Senza retorica, quella marea di attenzioni e vicinanza mi ha stupito, più di quanto pensassi: negli ultimi anni avevo perso repentinamente una posizione di potere e la percezione stolta che ho avuto in quel periodo era stata un isolamento fittizio nell'ambiente di lavoro, così importante per me da mangiarsi il tempo maggiore delle mie giornate. Invece ora avevo toccato con mano una rincuorante empatia collettiva, anche in un ambiente dove gli scrupoli sembrano orpelli ingombranti. Le orribili infantili sdolcinate faccette diventano finalmente provvidenziali. Primo, è un linguaggio che so ancora usare. Secondo, evitano dialoghi al momento non sostenibili. Terzo, mascherano naturalmente l'intralcio in cui sono caduto, la voragine verbale da dove spero, chissà quando, di fuggire. Ne uso all'inizio solo tre, quelle che servono senza sforzi ulteriori, perché saranno stupide faccette, ma anche individuarle e selezionarle implica una concentrazione che il mio cervello non è in grado di sostenere alla leggera. Il braccio piegato che mostra i muscoli e il pungo chiuso: ce la faccio, recita, ho la forza di combattere, daje, diremmo a Roma. L'omino con il sorriso stampato, le gote arrossate quasi per trasmettere un'emozione timida, le mani aperte pronte per un abbraccio: vi ringrazio di starmi vicino, appena ci rivediamo ve lo dirò meglio. Infine, il più diretto: il cuore pulsante, a uomini e donne, senza finti pudori, non ho più voglia di finti pudori. Anche se molti di loro non sanno che l'uomo che parlava sempre, e spesso troppo, ora è imbavagliato nella nemesi del destino. Davanti a un messaggio del mio amico Francesco mi fermo. Insieme abbiamo organizzato premi ed eventi giornalistici, soprattutto il Premio Ilaria Alpi, che lui ha creato con i genitori di Ilaria e dove io ho cercato di dare una mano soprattutto per il destino impari che ci ha diviso: siamo stati assunti con lo stesso concorso, eravamo venticinque, in ordine alfabetico, Alpi prima, Vianello ultimo. Dal suo messaggio è evidente che non sa niente, nessuno deve averlo avvertito, mi chiede delle opinioni sulla cerimonia alla Camera dei Deputati in ricordo di Ilaria per i venticinque anni dal suo assassinio a Mogadiscio insieme a Miran Hrovatin. Dovrei condurla io, ma manca solo un mese e mezzo. Io e un microfono, un matrimonio impossibile, adesso, c'è da piangere a pensarlo. Stavolta ho bisogno di rispondergli senza faccine, sia perché è importante che sappia, voglio bene a Francesco, sia per lo scrupolo di dargli il tempo di cercare subito un sostituto. Ma ogni lettera che provo a digitare è ribelle, la testa non produce nessuna parola, sono bloccato, un ridicolo analfabeta, sono messo peggio che col parlare, mi prende un attacco di panico: lo avevo già compreso, ma la constatazione diretta è paurosa. Devo lo stesso trovare il modo. Ritento con le faccette: ne ho vista una con la macchina dell'ambulanza, gliela invio. In più, riesco a tirare fuori dalla mente con uno sforzo sovrumano la prima parola scritta dopo il colpo, in realtà un mezzo nome, anche perché è un nome così lungo che Troisi ne fece una delle sue battute più efficaci: Massimiliano. Scrivo Massi. La faccina dell'ambulanza, cinque lettere, Massi, un'altra faccina con un telefono. Mandata. Mi sento un eroe. Peccato, perché quando Francesco mi risponde, non ha capito un cazzo: anzi, manda un "?" e sparisce. Frustrazione. Siccome però le cose si intrecciano sempre, come se ci fosse un invisibile sceneggiatore burlone, ecco che ne arriva un altro, di messaggio, nuovo, fresco fresco, pronto per andare in scena, e l'identità del mittente è frastornante. È lui, l'osteopata da cui sono andato fino alla scorsa settimana, il manipolatore indicato dal mio salvatore come una possibile causa della mia sciagura. Io ancora non ci credo che sia stato lui a causare inconsapevolmente con le sue manovre la rottura della carotide e il conseguente ictus, non è colpa di nessuno, ripeto a me stesso, posso comprendere più facilmente, insisto, il nesso rispetto allo spreco degli ultimissimi anni della mia vita, inseguito da amarezze e insoddisfazioni, ma non certo che sia stato un tragico incidente, così casuale, così immotivato, così stupido. Il mio ictus ha bisogno di un responsabile più nobile perché io possa accettarlo fino in fondo.

Leggo a poco a poco, come le carte a poker in una mano importante, il messaggio arrivato. "Ciao Andrea, vieni domani? Guarda che sono troppi giorni che non ti tratto: è importante, se ne vuoi uscire." Parla del dolore alla cervicale. Non sa niente, per lui la mia vita è rimasta quella di sempre. Di pomeriggio, quando arriva, lo mostro a Francesca. Con il mio linguaggio sbilenco le chiedo di avvisarlo, ma senza dirgli niente dell'ipotesi avanzata dal mio chirurgo. "Ma veramente?" risponde lui. "Dio mio, che cosa terribile! Sono sconvolto: posso andare a trovarlo, oggi, domani, a che ora?"

"Tra le 16 e le 17, tutti i giorni, anche oggi" lo informa Francesca, candidamente. Non verrà mai. Sparito.

# 10

"E nel nome del progresso, il dibattito sia aperto, parleranno tutti quanti, dotti, medici e sapienti." Il burattino senza fili di Bennato sono io. Sopra di me, un cerchio di professoroni, chirurghi, neurologi, assistenti, specializzandi, capisala. Dimetterlo o lasciarlo ancora qui in reparto? Questo è il problema.

"Tutti intorno al capezzale di un malato molto grave, anzi già qualcuno ha detto che il malato è quasi morto."

Il decorso sta andando bene, dice la dottoressa con la carnagione mediterranea e l'aria severa, ma dobbiamo ricordare le complicazioni in sala operatoria (quali complicazioni? Di che cosa sta parlando? Mi è sfuggito qualcosa?), il secondo stent che è stato piazzato d'urgenza mentre la carotide si stava chiudendo. (Aiuto!)

Tra di loro, manca proprio il mio Piccolo Principe, lo supporta il neurologo garbato e con i capelli ondulati del primo giorno: il chirurgo ha sciolto i suoi dubbi dopo le prime quarantott'ore, perché dovrebbe restare in osservazione?

"Così giovane è peccato che si sia così conciato, si dia quindi la parola al rettore della scuola."

I principali postumi dell'intervento sono già stati gestiti, sentenzia il primario, che per me ha il carisma dell'autorità suprema, oltre a un portamento di quieta saggezza. Quest'uomo, anche per il lavoro che fa, ha bisogno di iniziare quanto prima la riabilitazione logopedica. Prima comincia, meglio è.

Santa Lucia? Mi sembra il posto migliore, conferma l'ondulato.

C'è anche il Don Gnocchi, propone la dottoressa tedesca.

In ricovero?, chiede la mediterranea.

Assolutamente sì, dispone il primario: avvisate anche la moglie (posso chiamare anche io, sono sveglio, eh?).

Speriamo che ci sia posto, insinua scettica la mediterranea, questa mi vuole tenere prigioniero!

Parlo io con il direttore, chiude la questione il primario, San Primario. Intanto iniziamo le procedure per le dimissioni e il trasferimento domattina con l'ambulanza alla Santa Lucia.

Finalmente si accorge della mia presenza, e con lui tutta la cerchia. Un sorriso soddisfatto collettivo: è stato bravo, la lasciamo andare, mi dice il primario, la Santa Lucia è un centro eccezionale, vedrà, la metteranno a nuovo. Parli poco, per ora, ogni difetto in queste ore rischia di restare. Il lavoro passa a loro. Un cenno di saluto e la congrega passa a un altro letto, un altro fulminato dall'alto.

"Parleranno tutti quanti, dotti, medici e sapienti. Tutti intorno al capezzale di un malato molto grave."

Francesca è stata avvisata, da loro e da me, e arriva fuori dell'orario di visita. Procedure burocratiche: lei è bravissima, io sempre stato una pippa, anche preictus. È un tornado di efficienza, smuove assicurazioni e Asl, chiama la Rai, i medici di base, l'amministrazione della Santa Lucia, la direzione del Policlinico, organizza tutto, le manca solo di portare il mio letto in spalla a piedi. Sono ammirato da questa donna forte che chissà perché vent'anni fa ha scelto proprio me. Però ho bisogno di parlarle. In disparte. Senza orecchie di dottori impiccioni nei paraggi. Devo sapere. Il rischio di morire è stato ancora più alto di quello che mi hanno riferito? Aspetto che il tornado si plachi, quando viene accanto al letto la lascio sfogare nel racconto dei mille ostacoli già superati prima del mio trasferimento, e poi attiro la sua attenzione e le chiedo, con il mio esperanto che sta iniziando a capire, se davvero stavo per morire durante l'operazione. Esita. Mi guarda. Sa che è giusto dirmelo e che sono forte abbastanza, se non fisicamente perlomeno moralmente, per saperlo. Mi svela momenti nella concitazione e nell'emergenza di cui non potevo essere a conoscenza. Lei in attesa dopo che ero andato all'ospedale con l'ambulanza, saltando il pronto soccorso vista la gravità evidente delle mie condizioni. Il Piccolo Principe va a parlarle da solo, le dice: «Abbiamo due possibilità. Non opero, aspettiamo la buona o la cattiva sorte, ma al novanta per cento suo marito non parlerà più, forse non capirà più. Oppure provo a operarlo, tento di evitare quei danni micidiali, ma anche in questo caso deve sapere che ci sono molti rischi, i rischi di altre ischemie durante l'intervento, e potremmo non farcela».

Franci, atterrita e insieme lucida, gli chiede: «Mi sta dicendo che devo decidere io?».

«No» chiarisce il neurochirurgo, «ho già deciso io. Voglio informarla.»

Immagino il flusso di pensieri che deve aver attraversato il cuore e i nervi di Francesca in quegli istanti.

Prima che io finisca in camera operatoria, lei mi vede. Avevo improvvisamente ripreso a parlare nitidamente, mi racconta, perché io non ricordo nulla, assolutamente nulla, di quei momenti. Le urlo, mentre mi conducono in barella oltre la porta stagna: «Ricordati quello che ti ho sempre detto, meglio morire che restare un uomo a metà».

Poi più nulla, un'ora, un'ora e mezza, il tempo è spezzato, finché il mio salvatore è uscito ad annunciarle che l'intervento era riuscito.

Ma l'emergenza ulteriore in sala operatoria?

Vera. Una volta piazzato un primo stent, che doveva essere l'unico, si sono accorti che il sangue non affluiva al cervello come previsto, che la dissecazione della carotide continuava drammaticamente dentro la scatola cranica, ed entro pochi secondi sarebbe stato impossibile intervenire ulteriormente. Non c'era tempo di perdere, tutto si stava chiudendo. Lì il vero miracolo: posizionare un altro stent, flessibile, dentro il cranio, per ripristinare il flusso sanguigno al cervello. Fatto. E ha funzionato.

Ha funzionato.

Quindi alla domanda "Davvero ho rischiato di morire?" la risposta giusta ora so qual è: "Eri già morto, amico mio, eri già morto".

# 11

Iniziano i valzer degli addii. Un'ultima sera nel reparto, poi domattina la nuova destinazione. Ho capito che è un centro di riabilitazione molto rinomato, ne ho sentito parlare tante volte, anche per le battaglie a livello regionale di associazioni di cittadini affinché non fosse ridimensionato dai tagli della sanità pubblica, che in Italia hanno una mira infallibile per colpire proprio le strutture più efficienti. Francesca si lamenta per ridere che un posto più lontano da casa nostra e dal suo lavoro non era possibile trovarlo, a Roma Capitale. Io invece fantastico sul periodo che mi aspetta: non vedo l'ora di impegnarmi nella nuova sfida, sette mesi, otto mesi, un anno, non importa, la sfida di riuscire a parlare come prima. Ce la farò, ne sono convinto, lotterò come un leone. Allo stesso tempo mi sto creando l'idea che questo indeterminato soggiorno presso la Santa Lucia possa diventare una sorta di eremo psicologico, un *buen retiro*, e neanche troppo bueno, dove richiudermi nella mia attuale condizione, fuori dal mondo e via dalla pazza gente, senza vergognarmi di un eloquio sfigurato: un'officina di riparazione segreta, un'isola inaccessibile dove solerti e professionali specialisti mi aggiusteranno, e dove intanto avrò tempo di riflettere, guarire dentro, persino meditare sul bilancio della mia vita, o del lavoro, e inventarne un altro visto che non potrò più condurre programmi in tv. Lì, dove arriverò domani, non vorrei vedere nessuno: mesi e mesi da solo per tornare l'uomo che ero, senza tappe intermedie di miglioramento e, come nei romanzi d'avventura, presentarsi inaspettato, dopo che tutti mi avranno dimenticato, una sera al tramonto e dire a voce alta, scandendo bene tutte le parole che ho recuperato: "Eccomi, sono io, sono tornato!". Roba da bambini, ma è quello che vaneggio. Per questo l'orario di visita pomeridiano, che finora ha visto un'affettuosa processione di amici, oggi per me sarà come un addio, o meglio un arrivederci prolungato, l'ultima occasione per salutarli e congedarli senza che loro lo sappiano, con il mio ridicolo idioma rovinato. È il piano segreto che nessuno dovrà conoscere. Francesca mi informa che anche questo pomeriggio fuori ci sono tante persone che vorrebbero salutarmi. Non tutti in questi giorni sono riusciti a entrare nella mia stanza durante l'ora consentita, le regole dispongono che si può entrare uno alla volta, e molti sono tornati ogni giorno sperando di vedermi. Una bella sensazione di partecipazione, che mi ha dato forza. Mi auguro che nessuno ci resti male quando da domani sparirò nel mio limbo protetto e oggi vorrei che entrassero più persone possibile, piegare le regole dell'ospedale ai miei desideri. Ma non c'è bisogno: in reparto è scoppiata un'emergenza improvvisa, una paziente della stanza in fondo, l'unica dove non ho mai sbirciato alla ricerca dei colleghi di sventura, sta male, servono spazio e tranquillità per far operare i medici e gli infermieri, e per la prima volta ci è consentito cambiare il paradigma: non saranno i visitatori a entrare nelle stanze, saremo noi a uscire dal reparto per incontrarli. Eccitazione. Ansia. La solita coppia delle novità. Francesca mi aiuta a mettere la vestaglia e le pantofole, mi cinge il fianco per farmi adagiare sulla sedia a rotelle e mi accompagna fuori. Una folla di volti amici, un quadro disordinato di sorrisi raggianti alla mia inattesa apparizione. Guarda chi c'è? I ragazzi di *Rabona*, quasi tutti, molti giovani colleghi di Agorà, molta Rai Tre, Bobo, Antonella, Toto, quanto voglio bene a mio zio Toto, Riccardo, Betti, Flavia e Gianluca, Cesare e Sabrina, Luca, Lodovico e Clelia, Edo e Frida, Mario, Alberto, Francesco il napoletano, Marco il milanese, Benedetta, Mauro, quanti sono? Fanno festa, sono felici, non pensavano di trovarmi così bene. E cosa può fare un saltimbanco, per quanto malandato, se non improvvisare uno show? Venghino, siori, venghino: ecco il numero mirabolante dell'uomo barbuto che non sapeva più parlare, non c'è trucco, non c'è inganno. E io, parlo. Anzi, intrattengo. Una strana lingua simile a quella del monaco del Penitenziagite del *Nome della rosa*, ma dove sforzi titanici trovano strade alternative, scovo frasi inaspettatamente ben costruite, lucidità esibita, battute autoironiche, imprecazioni in romanesco. Una prestazione da Oscar. Quando saluto tutti come un Rocky rimasto in piedi sotto una gragnuola di pugni, sono esausto, ma ho preso un pieno di applausi. Domani partirò per l'esilio, ricordato dal pubblico pagante.

La cena è insipida come al solito, ma sento un sapore più ficcante, quello di una tappa raggiunta. Mi mancherà la mia tana, il letto sgualcito, gli elettrodi a monitorare il mio corpo calpestato, mi mancheranno il Vinaiolo, il Preside, l'irresistibile Tatuato, la sbrigativa Onorevole Angelica, le loro vite immaginate tra i discorsi intercettati di nascosto e i rituali di inizio turno. Mi mancheranno i medici, che arrivavano prima che manifestassi ogni dubbio, domanda, apprensione. Ma è il momento che io vada, è importante, devo lavorare ogni giorno per iniziare a parlare. Riesco, dopo sere passive, a vedere sul telefono un po' di tv: scampoli della partita della Lazio, con il timore che possa raggiungere il mio Milan (poco prima Marino, grande laziale illuminato, mi ha detto: «Te lo ricordi, vero, che sei stato sempre della Lazio?» e io ho bofonchiato una roba simile a un "Ti piacerebbe, eh?"), soprattutto il Festival di Sanremo, terza serata, l'anno scorso ero lì all'Ariston, ora non ho ancora visto un fotogramma. Sì, sono sereno. Domani vado. Tutto è a posto. È ora di dormire, passa la dottoressa tedesca per il controllo abituale. La saluto con un sorriso, ma lei si ferma.

«Che cosa ha all'occhio?» mi chiede allarmata.

Che cosa ho? L'occhio? Non sento niente all'occhio.

«Mi faccia vedere bene.»

Si avvicina, scruta, tocca, è perplessa, fa arrivare il Vinaiolo, sguardo d'intesa, si avvicinano, scrutano, toccano.

«Che tuccene?» alias "Che succede?", la lingua impastata sfiora toni di terrore.

«È tutto gonfio. Quando se ne è accorto?» sibila le esse la dottoressa tedesca.

Ma io non mi sono accorto di un bel niente. È l'occhio sinistro. Nella zona dove tutte le notti il mal di testa assassino mi fa svegliare continuamente. Al tatto, non trovo anomalie.

«Adesso vediamo, non sarà niente» mi tranquillizza con un buffetto materno. Ma la sua espressione mi sembra quella di un medico paracadutato in un villaggio del Ghana durante un'epidemia di Ebola. Resto da solo, punto il cellulare davanti al viso per specchiarmi con la fotocamera. Vedo un occhio enorme. Un'occhiaia enorme. Praticamente un'abnorme sacca gonfia sotto l'occhio sinistro. Sembro un pugile dopo un combattimento sfortunato, altro che Rocky. Capisco lo sguardo preoccupato della neurologa. Cazzo, impreco. Proprio adesso, l'ultima sera in ospedale, mentre sono pronto al trasferimento. Che sfiga. È un problema dell'operazione, un imprevisto ritardato, un fenomeno raro, una controindicazione dei farmaci, un'allergia improvvisa, anche se non vedo gatti in giro nel reparto? Sono letteralmente spaventato.

E lei, la dottoressa tedesca, mi ha lasciato lì da solo.

È chiaro che si è allarmata.

Sparo a raffica selfie della mia faccia con l'occhio deformato, e più guardo le foto, più mi sembra che l'occhio diventi gigantesco, mi sono trasformato in un Polifemo in pigiama. Non sto nella pelle, mi agito, mi alzo, Luisa del letto accanto cerca di calmarmi, non è niente, solo un piccolo rigonfiamento, assicura, ma intanto i medici non passano e la mia fantasia corre su un consulto agitato di specialisti stupiti. Non ho torto.

Preso dall'agitazione mi affaccio sul corridoio del reparto: a pochi metri c'è la stanza del medico di turno, la porta è socchiusa, la luce accesa, una voce che parla del telefono. Parla di me, parla dell'occhio. Senza farmi vedere dagli infermieri, scalzo e in punta di piedi, mi avvicino alla porta per carpire brandelli di conversazione. Capisco che la dottoressa ha chiamato il Piccolo Principe, che stanno analizzando questa strana anomalia all'occhio, per la neurologa i dubbi che possa essere legata agli stent, la posizione del chirurgo, intuita dai commenti di rimando, è invece scettica al riguardo, non si è mai visto un effetto simile a causa dell'intervento, addirittura afferro una sua battuta caustica del tipo "se poi scoprite che si gonfia un occhio a causa degli stent, magari vincete il premio Nobel". In questa diatriba, io sono in mezzo, anche in mezzo al corridoio. Riesco a sentire la parola Tac di controllo, intravedo l'ombra di un'infermiera in fondo e, come un bambino scovato a frugare nella marmellata, corro in stanza facendo l'occhiolino, quello sano, a Luisa in segno di intesa, e riparando dietro il paravento sul mio letto.

Aspetto. Una Tac. Non mi fa paura, cosa vuoi che sia una Tac? Verifico ancora il gonfiore: un cocomero. Come previsto arriva la dottoressa per informarmi che ha disposto una Tac di controllo, non sospetta che io già so tutto. Come sempre parla in modo chiaro e trasparente: «Il suo neurochirurgo esclude che questo rigonfiamento sia rapportato all'intervento di sabato scorso. Anche a me sembra strano. Però dobbiamo capire bene, quello che lei ha avuto, ormai lo sa, è stato grave. Evitiamo sottovalutazioni». Una comunicazione perfetta, la sua. Un batticuore giustificato, il mio.

Sono passate le ventitré quando mi vengono a prendere. Solita vestaglia, solite pantofole, solita sedia. L'ospedale è deserto. I due paramedici sono gioviali, uno mi riconosce, anche se forse mi ha scambiato con un collega sportivo di carta stampata: tutti dicono che ci assomigliamo, tranne noi, che ci ridiamo su da anni. Mi chiede della Roma, infatti, e io rispondo con un gesto di sofferenza, è messa male, la Roma, e in più lo avviso che parlo male. L'ascensore ci proietta nei sotterranei dell'ospedale: un labirinto metafisico. I sotterranei del policlinico Umberto I sono celebri e, un tempo, famigerati. Là sotto per anni c'era una vita parallela, era diventato un rifugio di un'umanità disperata e illegale, succedeva di tutto. Di recente l'area è stata bonificata, alcuni settori sono stati chiusi per sempre, l'aspetto è stato quasi del tutto rinnovato. Eppure, mentre vaghiamo in questi interminabili tunnel apparentemente senza meta, mi sembra di stare in un film di suspense, a metà tra *Subway* e *Shining*. Osservo il dedalo di tubi sul soffitto, la distesa infinita del labirinto che riprende sempre uguale a ogni angolo, il rumore dei passi dei due paramedici che rimbombano nell'assoluto e sterminato vuoto di suoni. Quando finalmente arriviamo alla sala preposta per la Tac, ci viene incontro un medico disinvolto e dinoccolato. Un tipo da circolo sportivo romano, uno dei famosi circoli del "generone", tanto da pensare di conoscerlo, perché anche io li frequento. Mi saluta, impreca con i paramedici per le condizioni della sala, gli fa vedere il caos che ha trovato, calcinacci, una sedia rovesciata e, cosa più importante, la macchina della Tac è rotta. Dobbiamo trovare un'altra Tac. Ma dove, in quell'ospedale deserto e surreale? Nessuno lo sa, nessuno risponde al telefono, quindi alla fine il radiologo decide da sé: c'è una sala nella zona dei ricercatori, lui va a recuperare la chiave, noi dobbiamo attraversare praticamente tutto l'edificio e andare al quarto piano. È facile, risponde al paramedico che non conosce la strada, terzo corridoio a destra, secondo a sinistra, salire al quarto piano. Ci salutiamo con l'idea di vederci dopo qualche minuto. Invece è un'odissea. Ci perdiamo. Il labirinto diventa realmente un labirinto. Le gallerie sotterranee ci inghiottiscono: tre uomini e una sedia, perduti sottoterra e illuminati da neon traballanti. Perdo il senso del tempo. Quando alla fine, con uno scatto di intuizione, uno dei due paramedici azzecca la svolta giusta, ci viene da ridere appoggiati all'ascensore promesso.

Resto dentro la macchina della Tac per un tempo altrettanto infinito, ma ormai non ho più impazienza, aspetto gli eventi. Quando mi tolgono la cuffia antirumore e scivolo giù per uscire, il radiologo del circolo canottieri mi rassicura: «Tutto a posto, nessuna anomalia». Non so perché, ma ne ero convinto. Ritorno in stanza ed è quasi l'una. L'occhio si è sgonfiato. La dottoressa tedesca è tranquilla: la situazione interna è nella norma e domani posso andare via. E allora cosa diavolo era successo al mio maledetto occhio? Non si sa. Ecco una cosa che sto imparando: nel campo del cervello, rispetto ad altri settori della medicina, anche i luminari più esperti lasciano la porta chiusa davanti a certi piccoli e grandi misteri. Figuriamoci un occhio gonfio.

SANTA LUCIA

# 1

Quando mi hanno portato all'Umberto I, nel film accelerato con la scena madre dell'emergenza, ricordo una giornata di sole. Invece pioveva, il tempo era freddo e uggioso, il meteo esterno era opposto a quello della memoria, con una battuta casuale Francesca mi ha svelato il quadro della realtà di quel sabato. Oggi invece non ci sono fraintendimenti, il cielo è nitido e luminoso, un bellissimo giorno di febbraio, e la mia testa è lucida, mentre arrivo alla Santa Lucia. Immaginavo una struttura grigia e penitenziale, un casermone postsovietico dove gente come noi, i "colpiti", restavano rinchiusi agli occhi del mondo, invece la mia barella si infila in un ascensore modernissimo, un grande blocco di vetro con tutte le facciate trasparenti, che mi porta al sesto piano in bella vista. Fuori, campi verdi, pini marittimi, una distesa di bucolica campagna romana. Pensavo a un tubercolosario manzoniano, sono finito in un laboratorio tecnologico della Spectre. Ma una Spectre buona. Tutto bianco, tutto pulito, tutto rasserenante. Un bancone ricurvo all'accettazione, ma è un albergo?, i receptionist vestiti da infermieri, un silenzio elegante. Già sto idealizzando. Mi fanno entrare della stanza 625, leggo il numero ma già l'ho dimenticato, perché i numeri sono ancora in una soffitta polverosa nel mio cervello. Francesca, che è già arrivata da sola, mi viene incontro. La prima sensazione, rimesso in piedi dai barellieri, è di libertà. Una vita nuova, la forza nuova. La stanza mi sembra gigante, due enormi letti ma, mi assicura mia moglie, starò da solo. Questa stanza tutta da solo. La luce, la cosa che mi travolge più felicemente è la luce. In ospedale sono stato una settimana a cercare un lembo di luce naturale da un abbaino in alto, dove non si vedeva il cielo ma lo scorcio di un cortile interno. Qui invece c'è tanta, tanta, tanta luce; filtra tra le fessure delle veneziane alle grandi finestre, quasi a sottolineare l'inizio di una promessa. Un'ampia scrivania bianca, incorniciata da due mobili lineari, sopra la scrivania un imponente quadro con un'immagine grafica di fiori dai colori tenui, che subito la mia fantasia associa a una macchia di Rorschach, qui dentro ci sarà gente che ci studia il cervello anche quando dormiamo, ammicco, ma più rilassante che enigmatica. La consueta statuetta in alto con la Madonna e Gesù Bambino. Le sedie verde pallido, due poltrone reclinabili, dello stesso colore, ad accogliere i nostri corpi malmenati dagli ictus. Non trovo la tv, poi scopro che è inserita in un monitor con un braccio regolabile attaccato al muro, per vederla a letto. Oggi mi piacerebbe anche una stamberga in rovina, ma quella stanza è meglio del previsto, e sono contento, so che mi ci troverò bene. D'altronde Francesca me la illustra come un albergatore entusiasta, come un tour operator che mi ha venduto un viaggio, e non ci mette molto a contagiarmi. Organizza i miei comfort: uno stereo portatile e un po' di cd jazz, l'iPad piccolo, l'iPad grande recuperato in un cassetto, App provvidenziali per vedere film, serie e partite, accappatoi, pigiami, vestiti come se potessi andare a cene di gala, scarpe da tennis di cui guardo i lacci con autentico terrore, con la mano destra già pronta a scioperare. Ha pensato a tutto che ciò mi serve, e la stanza della Santa Lucia mi sembra diventata la cella di Pablo Escobar. E come in tutte le carceri, anche quelle di lusso come quella di Pablo, c'è una tuta d'ordinanza: è ripiegata sulla sedia verde pallido, ed è proprio una tuta. Da ginnastica: una maglietta bianca con il simbolo della Santa Lucia, che mi ricorda l'albero della conoscenza, i pantaloni elastici stretti alla caviglia e una felpa con la zip, entrambi blu. A vederli, ho un senso di repulsione: ho sempre odiato le persone che indossano le tute, anzi quando le intercetto durante un volo aereo a lungo raggio mi viene da mettere mano alla pistola, metaforicamente. Ma adesso quell'uomo insopportabile, e in fondo in fondo stronzo, non esiste più: quindi il senso di repulsione lascia il posto a un moto di affetto per quella tuta che mi costringerà a essere uno scolaro uguale a tutti gli altri alunni di questa nuova scuola. Scuola di vita, e soprattutto di apprendimento. Nel mentre, infatti, entrano i professori. Sono quattro, tutti sorridenti: il primario del piano, autorevole, una dottoressa con uno sguardo vivace, un spilungone gentilissimo che mi rammenta il Frère del mio liceo cattolico, e infine quello con cui fin dall'inizio nasce un'empatia naturale, tanto da sceglierlo seduta stante come mio nuovo riferimento principale. Un neurologo apparentemente della mia stessa età e un divulgatore di tranquillità. Il Dottor Tranquillità. Già mi sembra un amico. Mi mettono a mio agio, parlando e conversando, controllando i miei riflessi, «segua il mio dito con gli occhi, dritto, a destra, a sinistra», scrutano le pupille, mi fanno aprire la bocca, «alzi le labbra, come un sorriso, di più, di più», mi fanno fare le boccacce, «fuori tutta la lingua», constatano un modesto abbassamento della bocca a destra, cazzo, lo sapevo e non me ne ero accorto, e, orrore, lo spostamento della lingua sempre a destra dell'asse originale. Un freak. E poi la parte motoria, «su le mani, davanti a sé, palmo in basso, fermo», e vedo la mano destra completamente sbilenca rispetto all'altra, «ora dritto, palmi in alto», e peggio mi sento, mi accorgo che il braccio destro sembra quello di un Orlando dei pupi siciliani, le gambe flesse e distese invece appaiono tutto sommato simmetriche e funzionali. Checché ne pensi io, sembrano comunque soddisfatti. Per loro sono un reduce di guerra con danni seri ma non gravissimi, un sopravvissuto in trincea dalle ferite trattabili: ma il problema serio resta la lesione all'area del linguaggio. Colpito e affondato. Area di Broca, sento dire, lobo frontale, ecchimosi da assorbire per capire le possibilità di recupero spontanee e quelle su cui lavorare con la riabilitazione. Domani inizierò subito la rieducazione della mano, e da lunedì valutazione della parola e piano logopedico intensivo. Francesca mi fa da tramite con il quartetto medico per spiegare quanto sia importante per me soprattutto recuperare la parola, ma lo sanno, mi conoscono, e faranno di tutto per incentivare le sedute di logopedia, nonostante la tendenza del Servizio sanitario nazionale a considerare il recupero motorio la cosa più urgente per i pazienti di traumi cerebrali, rispetto alle difficoltà di espressione. In pratica, noi ammutoliti per un ictus siamo già una minoranza di una minoranza; per la sanità giustamente è più cruciale rimetterci in piedi per farci tornare a casa che aggiustarci la favella: cittadini muti, ma funzionali. Intanto però lo staff neurologico che avrà cura del mio cervello mi aggiunge nella terapia farmacologica, oltre agli antiaggreganti, necessari per fluidificare il sangue dopo l'inserimento degli stent, e alla pillola per regolare la pressione, delle fiale quotidiane di una sostanza che stimola la funzionalità cerebrale cognitiva e mnemonica. Un farmaco recente. Sono estasiato: sogno una sorta di siero per agenti segreti, una pozione magica simile a quella dove Obelix è caduto da piccolo, ma che dia forza alle meningi invece che ai muscoli, l'elisir dell'oratoria, il Santo Graal dell'eterna conversazione, una ricetta futuristica per allevare nuovi superneuroni al posto di quelli caduti in battaglia. Forse sarà il farmaco che mi ridarà le mia amate parole, che domani mi farà svegliare dopo questo brutto sogno davvero fantasioso, con la mia abilità funambolica di un tempo: scansatevi che il Maradona dei dribbling verbali ritorna in campo. Mi lasciano il programma dei prossimi giorni: sabato una seduta al mattino e una al pomeriggio di fisioterapia in palestra, domenica riposo, prima valutazione dello stato del mio linguaggio lunedì mattina, ma come?, io voglio iniziare subito, la pazienza non è mai stato il mio forte, devo lavorare, devo lavorare, devo lavorare, devo tornare al più presto quello di prima. Il quartetto ci lascia per continuare il suo giro di visite. Indosso la tuta di Escobar, mi faccio aiutare da Francesca con l'insidia dei lacci, e perlustro il luogo che mi ospiterà probabilmente per così tanto tempo. Il bagno privato, essenziale e a prova di cadute. Il lindo corridoio. Altri quadri simili al mio appesi alle pareti; evocano mondi lontani, armoniosi pianeti spersi nella galassia. Una sala comune, molto grande, anche questa molto luminosa, tavoli e divani spersi nella vastità della stanza. Infine, dietro l'angolo, la palestra, più bella di quasi tutte quelle a cui mi sono iscritto per anni inutilmente alla ricerca della forma perduta, o forse mai avuta: affacciata al sole, tutta una gigantesca finestra che ti fa ritrovare l'orizzonte dimenticato nei giorni dell'abisso del male. Al lavoro, fisioterapisti silenziosi e sorridenti, operatori leggiadri e disponibili. E poi, i miei colleghi di sventura. Li osservo: alcuni anziani e rassegnati, molti invece ancora giovani, determinati, con le loro mani bloccate, le gambe storpiate, i bastoni, i girelli, gli sguardi rimasti sgomenti ma concentrati. Officina riparazione uomini e donne colpiti da un fulmine, in un giorno qualunque di una vita qualunque. E tra loro, dopo giorni di diversità, mi sento in comunanza.

# 2

Questa notte, sogno. È da quando ho avuto il colpo che non mi capitava.

Al Policlinico le notti erano piene di brevi allucinazioni, lampi irrazionali, dove la realtà si mischiava con le visioni della fantasia e i ricordi scaraventati chissà da chi nella mia testa sballottata alla rinfusa. I continui risvegli a causa del mal di testa postoperatorio impedivano un arco temporale persino nella sfera onirica. Invece questa notte, nonostante il dolore sia sempre costante, perché le fauci del coccodrillo non mollano, sogno. In genere, nella vita normale, la mattina quando mi sveglio i sogni mi svaporano in un istante, per lo scorno del mio psicanalista che ama acciuffarne il filo più in evidenza per seguirlo dovunque ci porti. Stavolta resta invece una storia intatta, sebbene senza capo né coda: un viaggio su una scogliera, un cavallo tutt'altro che maestoso che mi trasporta con andatura lenta ma decisa, la terra che frana improvvisamente sotto gli zoccoli del mio ronzino donchisciottesco, lui che diventa più grande, le zampe estensibili, evita i dirupi che gli si aprono davanti, e come un cavallo Robocop salta gli ostacoli di pietra che si frappongono sul nostro cammino, mi porta in salvo, io scendo e lo saluto con una carezza, ed è diventata notte, una notte stellata da togliere il fiato. C'è la luna che illumina il mare che si stende sotto di me, e devo scegliere tra due strade: una costeggia questo mare da Caruso, l'altra si inerpica verso l'interno. Non so quale delle due mi porterà al paese dove mi aspettano per una grande festa, e quindi ho fretta, sono in ritardo, tanto in ritardo, e dovrò camminare tutta la notte. Scelgo la strada interna, non vedo l'orizzonte, solo colline da superare, chissà a che ora arriverò, penso. E in quel momento mi sveglio.

Controllo la sveglia, sono le sei e quaranta. Ho dormito tanto, stavolta.

Scosto la tenda da ospedale da campo con cui ho circondato il letto per metterlo al riparo dalla luce, mi alzo con la mia nuova insicurezza mattutina, apro le veneziane e vengo invaso da un'alba spettacolare, un'alba colorata, infuocata, un trionfo di forza e di bellezza che mi emoziona, quest'uomo inaudito che si emoziona per poco, persino per un'alba sui Castelli Romani. Perciò mi rimetto a letto e sto lì, a godere dei cambi di colore del cielo nei minuti successivi, le due enormi finestre come uno schermo cinematografico, finché bussano, mi portano la colazione e quella magia inaspettata si scontra con la domanda banale: «Orzo o latte?», e io non riesco a rispondere in modo comprensibile. La rabbia, la frustrazione, la vergogna: ormai so cosa si prova. Alla fine mi faccio capire a gesti.

Benvenuto al tuo nuovo giorno senza parole, coglione.

È sabato alla Santa Lucia, giorno di quiete. Medicine, le fiale magiche, il siero della verità, la pressione, la prima doccia dopo così tanti giorni di abbrutimento, con l'infermiere sospettoso delle mie facoltà autonome tanto da pretendere di restare in bagno con me e avvolgermi dopo la doccia con l'asciugamano, e c'è anche un'infermiera, tanto che il mio pudore è ferito, anche se noi malati non possiamo più permetterci il pudore. Mi vesto, la tuta di Escobar, non so come riesco a mettermi le scarpe da ginnastica. Sul programma stampato che ho trovato sul tavolo c'è scritto che tra le dieci e trenta e le tredici verranno a portarmi in palestra per la fisioterapia, ma non è segnalata l'ora precisa. C'è un grande silenzio nel reparto. E io aspetto. Tutto è cambiato, ormai, il tempo non è importante, è flessibile, è vasto. Quando arriva la fisioterapista, deve essere passata un'eternità. Mi alzo come uno scolaro quando entra la maestra. È giovane, l'occhio vispo, il sorriso accogliente. «È pronto, signor Vianello? Andiamo a lavorare?» Certo che sono pronto, ma come cazzo glielo dico? Faccio il disinvolto, voce impostata di altri tempi, e giustamente non capisce niente. Sperimento per la prima volta che le persone, persino una professionista che ha a che fare con i pazienti neurologici tutti i giorni, faticano a capire all'inizio se il mio precario modo di parlare nasconda un danno cerebrale più profondo, se in pratica sia diventato stupido. Lei, infatti, inizia a trattarmi con una certa quieta accondiscendenza e a scandire bene le parole per farle comprendere meglio, e io vorrei dirle, voglio urlarle: "Ehi, ma io non sono sordo! Sono intelligente come prima, glielo giuro! È solo che non parlo bene, le assicuro, sono l'uomo di prima, sempre lo stesso uomo di prima!".

Ma non posso dirglielo, e la seguo in silenzio come un alunno rimproverato, con la mia tuta sformata e la mano lesionata.

Pochi pazienti nella sala comune, pochi sguardi sgomenti. Pochi anche nella palestra. Nel weekend restano quasi tutti in camera, intuisco, intravedo alcuni fantasmi solitari negli angoli delle stanze di cui le porte restano aperte. La palestra è una strana sensazione tra efficienza vitale ed esseri umani infranti, una operosità affaticata. La mia terapista mi fa sdraiare su un lettino in piena luce, controlla i dati lasciati dai medici sulla mia situazione, verifica sul campo. La gamba destra si stende senza difficoltà, la mano destra è intorpidita e totalmente priva di sensibilità: prova a farmi toccare dei rettangoli di legno con superfici di materiali diversi, lisci, ruvidi, rivestiti, adornati, ma non sento alcuna differenza, la mano è persa dal punto di vista del contatto tattile. Salgo su una macchina a metà tra una bilancia e un computer e lei esamina il mio equilibrio: pendo decisamente a destra, ma non è preoccupata. Mi fa sedere a un tavolino e cerca di capire se riesco a prendere e infilare alcuni anelli di plastica dentro un'apposita griglia: sono una frana. Mi accorgo di aver sottovalutato i problemi causati dall'ictus al mio fisico, così concentrato nel mio dramma di parolaio ferito. «Ci sarà da lavorare» sospira la bella fisioterapista, che ormai credo abbia compreso che le mie facoltà mentali sono abbastanza adeguate. "Tornerà a posto?" provo a dirle, accennando alla mano. Afferra, ma non si sbilancia. Nessuno, ho capito, si sbilancia, nel meraviglioso mondo del cervello. «Stiamo qui apposta» assicura, «ci proviamo.»

Tornato in stanza, soppeso un'altra volta il tempo dilatato. Nel pomeriggio arriverà Francesca, forse anche qualcun altro. Ho dettato nuove regole, ancora non sono pronto a vedere i ragazzi. E basta amici, la processione dell'Umberto I è finita. Ammessi solo i parenti stretti, unica eccezione gli amici medici, loro hanno il lasciapassare professionale, possono vedermi in questa fase che spero sia di riabilitazione importante, prima del mio ritorno in società, al mondo dei vivi. Mangio da solo, qualche gusto più intenso rispetto all'ospedale. Guardo la tv, riposo, penso, cerco di leggere il libro che avevo lasciato a metà prima del disastro, un Michael Chabon autobiografico sul nonno, ma sono ancora troppo stanco mentalmente per seguire la trama. Rimetto le scarpe, cammino per la clinica, studio i quadri di scenari interstellari, sbircio attraverso le porte aperte, incrocio sguardi di parenti che accudiscono, e tutto a un tratto sento una sensazione particolare che non riesco a individuare.

Quando Franci, e con lei zio Edo e Frida, Roberto, il mio amico di infanzia Alessio, ammesso perché era fuori Italia durante i giorni del risveglio, a poco a poco, parola per parola pronunciata in qualche modo, vanno via, ultima mia moglie ovviamente, quasi a forza per lasciarla andare dai figli, controllo ancora l'ora e sono solo le sette di sera, e ho già mangiato.

Sono solo.

Mi affaccio sul corridoio deserto. Nessuno. Mi sento come l'astronauta di *2001: Odissea nello spazio*, perso nel tempo senza fine, solo nell'astronave dove ha dovuto spegnere il computer HAL: giorni, mesi, anni, vivere, mangiare, dormire, senza nessuno a parte se stesso. E d'improvviso capisco la sensazione di prima, mentre camminavo come un pazzo nella clinica sperduta in quel sabato di riposo. La sensazione che possa essere solo un posto di passaggio, così vicino al confine tra la vita e la morte. Quasi come se qualcuno mi dicesse: "Sei pronto? Vuoi che andiamo? Molti di noi stanno per partire, guarda che bello quassù, andiamo, vieni con noi". Una voce lontana, una suggestione carica di desiderio, forse il mio vero destino. Mi incanto, ma poi arriva l'infermiere a portare via il vassoio della cena, e non ci penso più.

# 3

«Cominciamo?» mi chiede la dottoressa con gli zigomi alti che sembra uscita da un quadro di Van Gogh. Accanto a lei, un'assistente dai capelli ramati.

È come se fossi tornato all'esame di maturità. Solo che questa volta non ho studiato. Loro, invece, studiano me. Che tipo di deficit cognitivo ho? Non ricordo le parole da esprimere o semplicemente non riesco a pronunciarle? Riguarda soprattutto i nomi oppure ogni vocabolo? Il significato o il suono? Parlare, scrivere, leggere, quali attività sono compromesse? Sono queste le domande nascoste che intuisco da solo, da profano spaurito che si sente la cavia nella gabbietta osservata dagli scienziati dai volti austeri. Le due dottoresse in verità, più che austere, sembrano curiose. Io invece ho una certa ansia di prestazione, far vedere loro che l'ex conduttore televisivo, paladino delle folle, non è diventato un relitto da rottamare, anche se non tornerà più in scena. Ma loro sono psicologhe, dimenticavo, e mi sgamano subito. «Stai tranquillo, non è un esame!» mi rassicura la donna di Van Gogh. Beccato al volo.

«Allora, Andrea» confidenza studiata, «iniziamo con le cose semplici. Anche se ti sembreranno di un livello molto elementare, non preoccuparti, serve per un test di valutazione standard.» Traduco: noi pensiamo che certe tue abilità cognitive siano abbastanza integre, ma dobbiamo verificare, non ne siamo così sicure. Sfoderano un libro uscito dritto dritto da un asilo infantile e me lo mettono davanti. Ogni pagina presenta due disegni molto rudimentali tra cui scegliere.

«Qual è la volpe?» domanda la psicologa.

Qual è la volpe? Stiamo scherzando? Il disegno in alto raffigura un pennello da pittore, quello in basso una cazzo di volpe che esce da un cespuglio. Un pennello e una volpe. Stiamo messi bene se pensano che non so distinguere un pennello da una volpe. Mi sento un cretino, ma in fondo sono sollevato.

La so.

Indico con sufficienza la figura in basso. Mi risparmiano un "bravo!" che stava per uscirgli. Andiamo avanti: Cuoco o vasi di fiori? Ponte o bambino che piange? Sarta o cane che abbaia? Vigile o bottiglia? Pagina dopo pagina, percorso netto, vinco tutto, sono il campione dell'ospedale, una piccola esitazione tra incudine e divano, lo ammetto, ma deve essere la stanchezza. Bene, sono ancora sveglio, non è scontato, nulla ormai è scontato. Dalla prima prova sono uscito indenne, ma non ho ancora mai parlato. E mo' mi aspetto al varco.

«Molto bene» mi gratifica il quadro di Van Gogh, «ora ti leggo delle "non parole". Non hanno un significato, sono parole inventate. Prova a ripetere.» Mi concentro. Non parole, ho capito, devo solo ripetere il suono, non sembra difficile. Metto simbolicamente la cuffia del *Rischiatutto* e pronti, via.

La dottoressa capo abbassa la testa, spulcia la lista di parole, o meglio non parole, che cerca di non farmi vedere, poi mi fissa negli occhi e parte: «NIVI».

Vado: «DILI». Ma che ho detto? Non era così!

Lei prosegue a ciclo continuo: «FERI».

«SEFI.» Che cosa è questa roba? Non ne azzecco una.

Una strage. Lei è impietosa, spara parole a raffica a cui non riesco a stare dietro, un vocabolario impazzito di suoni inafferrabili, e soprattutto impossibili per me da articolare: GUTO, LIOPO, BORE, PAFI, ZATA, EGRO, LABRE, CESCI, PULU, IBRU, RILO, BENCO, CIUTA, ZAIO, finché l'agonia termina con un RUMETI, una sorta di ciliegina in idioma vichingo che nemmeno tento di imitare con un vagito.

Che prestazione terribile. Ho gli occhi affranti.

«Tranquillo» mi calma la psicologa ramata, «non era facile».

«Assolutamente» conferma la capa, la killer che sparava le non parole come fossero proiettili. Maramalda, la accuso dentro di me, non si spara così a un uomo morto: altro che un quadro di Van Gogh, sembrava la fucilazione di Goya.

Non è finita. Ora tocca alle vere parole. Meglio, valuto, le riconoscerò, a differenza delle altre di prima, e avrò punti più sporgenti su cui mettere il piede nella scalata della loro enunciazione. Concentrati, concentrati!

Parte la baraonda, parte il cecchino di Van Gogh: «CANE».

Be', cane, ok, ce l'ho: «CIALE».

Detto bene?

«CASA.»

«CIATA.»

Ma che cazzo, ma cosa ho nella lingua, la mia lingua rotante e arrotolata? Persino le parole che istintivamente riesco a dire nella piccola porzione di linguaggio ancora intatto adesso sembrano dei rebus irrisolvibili.

LEGGE. ROSA. MANO. PALLA. VESTE. REMO. DISCO. PARTE. FRENO. PORTA. LIBRO. Tutte sbagliate! Parole basiche. Corte. Conosciute. Elementari. Già, elementari. Ma io sono all'asilo, sono un bambino con i capelli bianchi che deve ricominciare, o meglio imparare di nuovo, a parlare. Mi vedono distrutto, ho la testa che pare una palla da bowling proprio al momento dell'impatto con i birilli. Sono fuso. Sono disperato. Avevo sottovalutato gli effetti della lesione cerebrale. Non ce la farò mai, penso. Le due psicologhe, capa e allieva, pensano di proseguire il test, mancano quindici minuti, analizzare la lettura, la scrittura, altre facoltà cognitive. Ma anche i bazooka lanciaparole hanno un cuore.

«Continuiamo domani, Andrea» mi sorride il quadro di Van Gogh, e io la guardo riconoscente e sospettoso, la signora di Arles che mi ha svelato quanto lavoro dovrò affrontare nei prossimi mesi.

# 4

Mi rifugio in stanza. Per una nuova interminabile vuota giornata, eccetto le due sedute quotidiane di fisioterapia alla mano, per le quali sono stato affidato prevalentemente a due delle più esperte del piano, una che fa filtrare un'inquietudine intellettuale, l'altra un'armonia placida, ma è chiaro che preferisco la prima. Lavorano con quella bistecca frollata che è ora la mia mano destra e cercano di animarla. Ma continuo a gestire quelle sedute come pause occupazionali nell'attesa di appuntamenti logopedisti, anzi di un primo appuntamento logopedista, dopo la valutazione psicologica cognitiva. L'esito del test interrotto a metà mi ha messo addosso una frenetica preoccupazione di verifica, che posso fare anche da solo, delle mie difficoltà, ma che in realtà ho evitato di sostenere fino a questo momento. La verità è che non ho ancora fatto passi avanti significativi, a dieci giorni dall'ictus: la recondita speranza che il mio cervello si aggiustasse da solo, con il tempo, l'assorbimento dell'ematoma, il risveglio dei neuroni danneggiati, persino con le fiale del Mossad, o per una magia notturna, inizia a vacillare. I quattro nomi della mia vita, Francesca, Maria Carolina, Goffredo e Vittoria, restano ancora invischiati nelle ragnatele della mia soffitta chiusa a chiave dall'interno. Sì, qualcosa comunico, ma ho la sensazione sia un rumore di fondo, l'abbrivio di un motore ormai spento che continua a procedere solo per inerzia. Eppure non devo mollare. Devo lottare per parlare, scrivere, condurre, conversare, scherzare, cantare. Ecco, cantare. Io amo cantare. So a memoria centinaia di canzoni, nelle serate con gli amici se ci sono un piano e un pianista monopolizzo il microfono finché mi devono abbattere a fucilate, perché penso addirittura di essere bravo: nipote d'arte, mi vanto, nel senso dei Watussi. Corro verso l'iPad sulla scrivania e cerco il testo di una delle mie canzoni preferite, mio autentico cavallo di battaglia del karaoke etilico: *Notte prima degli esami*, Venditti, il pezzo che più mi riporta alla gioventù e con virtuosismi canori non indifferenti. Trovato. Lo so a menadito: chissà se cantandolo ritrovo il filo delle parole, che nella mia memoria sono intatte. Prima voglio capire se posso seguire la melodia come prima, e il "lalalala" consueto mi conforta subito. Sono ancora intonato, è già qualcosa. Ora il provino decisivo: cantiamo.

"Io mi ricordo quattro ragazzi con la chitarra e il pianoforte sulla spalla..."

"Ioglioio atto agatti titialla e talapono dua rtrara..."

Mio Dio, è una diarrea di parole scomposte! Eppure le conosco, eppure le sto leggendo in questo momento! Pessima idea, cercare di cantare, pessima idea. Chiudo la pagina web con stizza.

Ma non è il momento di desistere. Promesso, ci proverò tutti i giorni. Come con i nomi perduti della famiglia: Francesca, Maria Carolina, Goffredo e Vittoria, andiamo, ripetilo ancora, fino allo sfinimento.

Dopo il weekend, nei primi giorni della settimana il sesto piano della Santa Lucia si rianima. Di anime perse, in realtà. Sto iniziando a individuare i miei vicini, colleghi, dannati, come me. Ci guardiamo con dolcezza complice.

Nel mio corridoio, nella camera accanto alla mia, un anziano che non parla mai, non esce mai, sulla sedia a rotelle, due cespugli arruffati sopra gli occhi e la tendenza a mettersi davanti alla finestra della sua camera come a cercare un punto lontano che vede solo lui: ha una figlia, di mezza età, che spesso staziona nel corridoio con l'aria di fumarsi una sigaretta da sola, che chiaramente non esiste, ma a lei serve per scappare da quella stanza affollata dai silenziosi ricordi del padre.

Davanti, la stanza ad angolo, più piccola delle altre, singola, anche se dentro c'è una coppia, marito e moglie, lui il paziente, lei lo assiste. Anche lui non può stare in piedi, ha avuto un glioblastoma cerebrale particolarmente insidioso, la parte sinistra del suo volto ha subito un cedimento della struttura nervosa, la guancia, la bocca, lo zigomo, l'occhio e la palpebra, sono tutti in giù, il che gli dà un'espressione asimmetrica, metà soave, perché è un uomo che accetta il destino, metà da attore comico di film muti, categoria che era notoriamente triste. Non hanno figli e lui cerca di sostenere la moglie, anche se dovrebbe essere il contrario, ma finge, e io lo capisco. La bocca flessa in un arco innaturale lo fa parlare male, in modo diverso da me, e le nostre conversazioni sono buffe; sogna un altro intervento che gli ricostruisca i nervi lesionati e prima o poi, dato che è qui da oltre sei mesi, di tornare a casa, magari sulle sue gambe. È un ingegnere.

Più avanti, dopo il bancone degli infermieri, ho fatto un'amicizia. Lei è un'insegnante di ginnastica di un liceo della mia zona, fa parte come me della fauna addomesticata di Roma Nord, siamo simili, più o meno la stessa età, molte conoscenze comuni. Io Tarzan, lei Jane: io ictus, lei emorragia, nello stesso giorno. Sommiamo certi snobismi fuori luogo in un centro riabilitativo per malattie neurologiche, su cui ridiamo autoironici. Due viziati, due fortunati: io storpio le parole, lei deve solo trovare l'equilibrio.

Nelle altre ali della clinica l'equilibrio è spesso l'ultimo problema. C'è il collega di carta stampata che si occupa di motociclismo e a cui l'ictus è arrivato a tradimento, mentre scherzava all'ora dell'aperitivo con il suo direttore, che prima ha pensato che fosse un gioco e poi gli ha salvato la vita chiamando l'ambulanza: mano e gamba bloccati, e due bambini da cui tornare. Il generale che viene ormai solo in day hospital, che ha combattuto nemici feroci in carne e ossa e che ora si sente atterrito da questo nemico invisibile che gli ha portato via la dignità. E ancora l'architetto che non può più disegnare, perché a lui lo ha preso nella mano sinistra, ed è mancino, e, ci diciamo tra noi, mi sa che sono intelligenti questi ictus per colpire ognuno di noi proprio lì dove ci fa più male… E il cardiologo in pensione, che sottolinea a tutti di essere stato medico anche lui; il sindacalista che parla, parla, parla, parla, in ogni seduta di fisio, e tutti noi, terapisti e pazienti, non riusciamo più a sentirlo, ma sappiamo bene che parla tanto perché è tanto solo. Li conosco tutti in questi primi giorni, i dannati e fulminati come me, quelli del sesto piano, e altri ne conoscerò, grazie alla mia piccola notorietà che mi aiuta a socializzare più della mia dispersa dialettica. Avrò tempo, perché ogni giorno sembra uguale, qui, alla Santa Lucia, in attesa di iniziare la benedetta logopedia. E sarà domani.

Il giorno X.

Il giorno in cui incontrerò la mia nuova maestra.

# 5

Il responso di Madame Van Gogh è provvisorio e non accessibile al momento al paziente. Giusto, potrebbe condizionarmi, aumentare il peso da macigno che ho sulle spalle. Però la moglie del dottor Gachet (dovrei finirla con questi parallelismi pittorici...), finito il test di valutazione, apre con me un canale preferenziale e mi rivela quanto sono messo male. Ma fa il suo mestiere, anche di psicologa, e non chiude le porte alla speranza e neanche alla cautela: il mio disturbo di linguaggio è un'afasia fluente, spiega. La maggioranza delle persone che hanno subito un danno cerebrale nell'emisfero sinistro, dove è situato appunto il centro del linguaggio, sono state molto meno fortunate di me; alcuni addirittura non capiscono più le parole che sentono, altri capiscono ma non emettono un suono, chiusi in un mutismo forzato, oppure parlano ma con frasi smozzicate, stitiche, faticose. Quelli fluenti, invece, come me, cercano di comunicare con la stessa veemenza di sempre ma fanno errori, disastrosi come chi pensa di formulare frasi perfette e in realtà non si comprende assolutamente nulla o gravi ma consapevoli. È il mio caso. Io so che sbaglio, ed è già qualcosa. La mia afasia sembrerebbe articolatoria, dovremo reimpostare la creazione ed esecuzione dei fonemi, sperando che nei primi mesi ci sia un miglioramento spontaneo per l'assorbimento dell'ematoma cerebrale e con un ciclo importante di sedute logopedistiche. I tempi non sono prevedibili, e neanche il risultato. In quanto allo scrivere, una delle mie ansie più grandi, secondo lei le cose andranno di pari passo: alcune parole che non riesco a pronunciare per me è più agevole scriverle, nonostante l'impaccio della mano destra, ma quel che mi preoccupa di più, vista la fatica nell'elaborare messaggi strutturati con il cellulare, è di aver perso per sempre la fluidità narrativa, il vecchio sogno segreto della mia gioventù. Alla dottoressa di Van Gogh interessano poco le mie velleità letterarie, in questo momento, ma per farmi contento mi dà il compito a casa, cioè in stanza: proverò a scrivere un piccolo riassunto della fiaba di Cappuccetto Rosso e glielo porterò la prossima settimana. Da oggi pomeriggio, intanto, ogni giorno avrò due sedute con una delle più brave logopediste della struttura, e i miei lamenti di ottenerne di più vengono liquidati con un cenno di fastidio: è già irrituale averne due al giorno, appesantire di più il cervello sarebbe controproducente. Comandi, signor tenente. La bella assistente dai capelli ramati annuisce, tutte d'accordo, sono in minoranza, la mia bulimia di sedute a ciclo continuo è respinta con pugno di ferro.

Dopo la mia passeggiata nevrotica nel reparto, avanti e indietro, due battute disinvolte zeppe di strafalcioni con il mio neurologo eletto, il Dottor Tranquillità, che mi informa di aver programmato per i prossimi giorni una risonanza magnetica e un eco-doppler di controllo, la battuta del primario che mi chiede di dire "territorio", aggiungendo «il giorno che ci riesce, le faccio un regalo», gli incoraggiamenti reciproci con l'ingegnere a cui è cascata la faccia e con il generale che non si dà pace, liquido il pranzo di fretta perché alle quindici aspetto la mia logopedista.

Il primo giorno di scuola.

Ma iniziamo male. Sul programma orario ho letto "Ore 15". E sono già le quindici e un minuto. Non sto nella pelle, è evidente che non è un semplice ritardo. Forse hanno scritto un orario sbagliato, forse ho capito male io, forse non devo aspettarla in stanza come mi hanno detto, forse devo scendere al secondo piano al reparto logopedia, o forse era domani, forse la terapista ha gettato la spugna prima di cominciare, forse hanno detto che in fondo è inutile, il tipo della tv è irrecuperabile. Mi spazientisco, esco dalla stanza, cerco la terapista per i corridoi, ma non conosco il suo aspetto, irrompo nella sala comune, riguardo indietro verso la mia stanza, non c'è, mi dirigo agli uffici dei medici, trovo il mio nuovo amico e lo spilungone, non sanno nulla, si industriano per capire al telefono se c'è stato un impiccio nel reparto logo, mi spiegano che la terapista dovrebbe essere proprio nella mia stanza a prendermi, vengo da lì, assicuro io, li saluto in tutta fretta, torno sui miei passi, e, d'improvviso, la vedo. È una ragazza carina e giovane, con un camice bianco e una smorfia di disappunto nel sorriso.

«Lei doveva aspettarmi in stanza. Dov'era? Non può andare in giro quando ha un appuntamento!» Viso d'angelo, lingua velenosa.

"La cercavo. Era in ritardo" vorrei dirle. Ma invece mi esce un borbottio mortificato, quasi che mi manchi solo la coda tra le gambe del cane bastonato.

«La prossima volta resti in stanza» insiste, che pedanteria. «Adesso se vuole prendere qualcosa in camera la prenda, sennò mi segua alla mia postazione giù in basso.»

Ma chi è, il sergente di *Full Metal Jacket* e io Palla di Lardo?

Voglio prendere il quaderno che ieri mi ha comprato Francesca appositamente per la prima lezione: gliel'ho chiesto a quadretti, come quelli che usavo da piccolo. Ne ho bisogno, è sicuro.

«Libro, eh... penna... mmm... scuola» mi confondo.

Mi guarda più impietosita, forse ha capito di essere stato troppo dura con quel paziente intimorito, e per la prima volta mi sorride mentre afferro il quaderno, che mi sembra subito la coperta di Linus. Ha un sorriso da bambina sotto quei toni imperiosi, la iena che proverà a farmi parlare come un tempo, ma qualcosa mi dice che potrebbe davvero essere lei, la mia nuova mamma di cui sentivo la mancanza, anche se in realtà è molto molto più vicina all'età di mia figlia.

# 6

La sua stanza è spoglia, solo un tavolo bianco disadorno, una sedia di là, la sua, una sedia di qua, la mia. Nessun quadro alle pareti, nessuna apparecchiatura sofisticata, io e lei, faccia a faccia. Per rompere il ghiaccio, ma in verità per studiare meglio come parlo, mi chiede di raccontarle cosa mi è successo dall'inizio di tutta la vicenda, dal sabato di ormai dodici giorni fa. Alterno qualche frase comprensibile a molte involuzioni arcane, parole misteriche, ridicole imitazioni di una narrazione. Come sempre, però, non mi sottometto all'idea di parlare molto lento, come mi ha consigliato la dottoressa di Van Gogh, secondo la quale quello dovrebbe essere preferibilmente e intelligentemente il mio nuovo modo di parlare dopo la botta. Ma io sono stupido. Se guarirò, o se migliorerò, dovrò farlo alla mia maniera e con il mio stile rapido e inconfondibile di sempre. Lo so che sbaglio, ma ci ho pensato tanto: voglio restare me stesso, la lingua più veloce del West, anche se non dovessi farcela. Mentre mi arrabatto nel ricostruire la dolorosa storia del conduttore condotto in sala operatoria, ma ho già perso il fiato, lei mi osserva come uno strano esemplare umano, dice «Fermo così», con un gesto di benevolenza affettuosa.

«Oggi che giorno è?» mi chiede a bruciapelo.

Eh? Detta così, di punto in bianco, adesso, dunque, oggi, oggi, lo so chiaramente, ora non riesco a dirlo, oggi, no?, è, che giorno è, aspetta, ora lo dico.

Non lo dico. Mercoledì, ti pare che non lo so? Ma non riesco a dirlo.

«Me lo scrivi?» porgendomi il quaderno che ho lasciato intonso.

"Non hai una Bic nera?" vorrei chiederle di rimando: quando lavoravo, secoli fa, avevo la necessità ossessiva di usare solo Bic nere, con il busto esagonale trasparente dove si vede la cannuccia della penna e si controlla il livello dell'inchiostro, e anche in onda, per correggere la scaletta in diretta o solo come feticcio scaramantico, chiedevo sempre alla produzione di recuperarne una. Invece qui ho a disposizione un'orrenda penna blu di plasticaccia dozzinale. Faccio uno sgorbio in stampatello, ma è corretto. MERCOLEDI, eccolo là: non ho messo un accento, vabbè, che vuoi che sia.

La mamma bambina annuisce soddisfatta: «Adesso prova a dirlo».

Ma che cazz...!

Niente da fare, sono bloccato. Non proferisco suono. Una statua di pietra. Pomice.

«Ci torniamo, non c'è problema. Il mese? Il mese in cui siamo?»

Aridaje. Intanto lo scrivo, non mi frega stavolta.

Allora: FEBRUN... no, aspetta, cancello, riprovo, FEBRUANN... ma porca di quella, sbagliato ancora, FERB... fermiamoci, cancella ancora, FEBBRA... non scrive più la penna, lo sapevo io, ne prendo un'altra nel portapenne senza chiedere il permesso, e, voilà, FEBBRAIO!

Che fatica. Ora non chiedermi di dirlo, ti prego. Lo chiede.

«Vogliamo leggerlo?»

No, scuoto in silenzio la testa, amareggiato.

«Poco male, davvero. Ci lavoreremo.» Angel Face, non

so perché ma dopo l'inizio un po' burrascoso, mi ha preso in simpatia. «Temo che dobbiamo iniziare dai fonemi, è noioso, vedrai, ma è la cosa di cui hai bisogno.»

Cerca un foglio tra i suoi appunti, lo taglia con delle forbici, prende il mio quaderno di Linus, apre una pagina all'inizio, e con una colla istantanea lo appiccica sopra. «Inizieremo con la N» annuncia. Ci sono quattro sfere per sei righe, e dentro quattro volte la declinazione della N.

N, N, N, N.

NA, NA, NA, NA.

NE, NE, NE, NE.

NI, NI, NI, NI.

NO, NO, NO, NO.

NU, NU, NU, NU, NU.

Nella pagina accanto, scrive di suo pugno: NANA, NENE, NINI, NONO, NUNU. ANA, ENE, INI, ONO, UNU. ANNA, ENNE, INNI, ONNO, UNNU.

E adesso tocca a me.

Non trovo il suono giusto. Non so pronunciare la N: mi mancano i fondamentali. «Guarda me» mi aiuta Angel Face, «fissami la bocca: N, NANA, NA-NA. Hai visto la lingua che sbatte sul palato?»

La verità? L'ho vista eppure non l'ho vista. È come un quadro astratto dove non trovo i riferimenti, una sensazione astrusa, non mi resta impresso il movimento della bocca, della lingua, delle labbra. Come un'espressione facciale aliena. Lei insiste. Prende sotto il tavolo un piccolo specchio da scrivania e si sposta dietro di me.

«Osserva.» Muove la bocca di nuovo mentre io la fisso attraverso lo specchio e fisso anche me, con quella tuta sformata e con l'aria di un uccello spennacchiato. «N» pronuncia scandendo il suono, «guarda la lingua sul palato» ripete, «prova anche tu, fai come me.»

Che faccia da coglione che ho.

«GLL» macché.

«MMM» no, non è questo, sforzati, guarda la sua bocca, concentrati, cazzo.

«NN» eccolo, l'ho preso, «NNN» ci sono, ci sono, «NNNN» quasi urlo, la guardo orgoglioso, come Einstein quando ha elaborato la teoria delle relatività.

«NNN» la fisso, la tengo, questa lettera non mi sfugge più.

«Bene, Andrea» mi ha chiamato Andrea, nel ripassare all'altra parte del tavolo. «Ora leggiamo da qui: NANA... avanti, prova tu.»

NNN, penso, NNN, lo so fare. Ok, andiamo. NA-NA, sono pronto.

«LA-LA!» declamo imperioso e trionfante.

Incredibile. Già l'ho persa, la maledetta N.

# 7

Sto guardando il mio cervello. La nuda essenza di tutto. Il motore inceppato. Il segreto dei segreti. Il nucleo dell'atomo della mia anima.

E fa impressione vederlo così, nelle immagini sfocate eppure definite, in un bianco e nero sullo schermo di un computer, dove galleggia senza calotta cranica, con la prospettiva dall'alto.

Il Dottor Tranquillità mi guida nelle sue colline e nei suoi affossamenti, come il mio Piero Angela personale: sembra una superficie lunare, un pianeta misterioso da esplorare, e lui ne conosce i sentieri già tracciati.

«Guarda, Andrea» attira la mia attenzione incuriosito, «guarda questa area a sinistra, ecco, questa.»

Indica una zona più scura rispetto a quella bianco-grigio che sembra dominare l'immagine della Tac, una sorta di macchia quasi nera. È quello il mio cervello, quella massa vagamente deforme, ragiono ancora con un senso di estraniamento.

«Quello è il punto dove ti ha colpito l'ictus, dove il sangue non è riuscito a irrorare come di consueto il cervello fino al piazzamento degli stent che hanno ripristinato l'afflusso dalla carotide lacerata. Proprio qui, esattamente tra il centro della parola e la scrittura. Qui vedi la parte interessata dal danno ricevuto, abbastanza vasta; al momento, come ti avevo detto, c'è un edema, che poi si assorbirà.»

Ho il lampo idiota di speranza. Non riesco ad articolare bene ma il succo del mio discorso è chiaro: "Quindi poi tornerà come prima?". Incrocio il suo sguardo con Francesca e rettifico per non sembrare un ingenuo: "Al di là del danno subito, intendo". Salvato in corner.

Il Dottor Tranquillità emana tranquillità ma anche competenza lucida.

«Quando l'edema si sgonfierà, all'incirca tra due mesi, vedremo sicuramente grandi progressi spontanei, ce ne saranno per molti mesi anche dopo. Ma quella parte più scura che stiamo vedendo resterà sempre così, è come un prato che ha perso la vegetazione, è un'area inaridita.»

Mi osserva per verificare se sto capendo bene e senza drammatizzazione eccessiva.

«Ma il nostro cervello possiede risorse inaudite, che nemmeno noi medici conosciamo. Altre parti del tuo cervello stanno già lavorando per sostituire i neuroni persi, cercando nuove vie alternative di connessione con il linguaggio. Il cervello dell'uomo» conclude filosofeggiando «è un miracolo. E il tuo mi sembra niente male.»

Immagino segmenti del mio cervello che, svegliati dopo un lungo letargo, si danno di gomito, daje, tocca a noi, al lavoro...

"I dolori alla testa" ne approfitto, facendomi capire come posso, "soprattutto dall'occhio sinistro alla mandibola? Il chirurgo mi ha detto che potrebbero restarmi per tanto tempo. E quei fastidi diffusi, il collo, sotto l'orecchio, certi pruriti del viso? Possono essere i segni che qualcosa non è andato bene?"

Il Dottor Tranquillità sorride nel suo modo carico di empatia naturale: ha già fiutato che quel giornalista televisivo apparentemente disinvolto è in realtà un ipocondriaco stordito dagli eventi per la prima volta più reali delle sue immaginazioni.

«Hai subito un intervento importante, un intervento grave, in condizioni molto difficili. Sei stato fortunato ed è stato bravo il chirurgo. Qualche dolore è fisiologico. Dopodiché ci siamo noi, monitoriamo la situazione, anche se sei qui e non più in ospedale perché per ora non ci sono state complicazioni. Pensa alla riabilitazione: devi tornare in tv.»

In tv? Impossibile, penso io, impossibile. Non è neanche così importante per me tornare in tv. In realtà ero stanco di condurre, "Buongiorno, buonasera, benvenuti, una nuova puntata di, adesso vediamo il servizio, buoni, non vi sovrapponete, due minuti di pubblicità e torniamo, non cambiate canale": e invece sì, sono io che voglio e devo cambiare canale. In ogni caso tornerei in tv soltanto se riuscissi a parlare esattamente come prima. Difficile. Piuttosto un altro lavoro, perché no? La mia famosa libreria del giallo (idea giovanile partorita con due amici che mio papà, commerciante, liquidò con una frase lapidaria: "Basta che sappiate che ogni giorno dovrete alzare la serranda e abbassare la serranda, e in mezzo incassare più delle spese sostenute. Fate i conti...", e intanto pagò lui il conto della pizzeria dove lo avevamo portato). Oppure prendere il locale abbandonato del nonno gommista di mia moglie e creare un negozio di formaggi pregiati, forte della mia iscrizione all'albo degli assaggiatori nazionali di formaggi. In un negozio non è importante parlare bene, in fondo è un modo di nascondersi dal mio mondo, e io vorrei proprio nascondermi. Ma questo il Dottor Tranquillità non può saperlo, nessuno può saperlo, è un mio pensiero vietato.

La sera, dopo la cena a orari altoatesini dove Francesca mi fa compagnia prima di tornare a casa dai ragazzi, che ancora non ho avuto il fegato di incontrare, come l'occhio gonfio della notte del labirinto, quasi a farlo apposta, ho un altro inaspettato sintomo misterioso.

Perdo i capelli.

D'improvviso e senza un motivo apparente. Se ne accorge Franci mentre sta per andare via e mi rassetta il letto disordinato: trova una quantità anomala di capelli sparsi sul cuscino, molto anomala, come sotto la sedia del barbiere. Non a ciocche, ma molti. Non capiamo. Controlla se nel colletto della maglietta che indosso ce ne sono altri: tantissimi. Sembra che li stia perdendo a vista d'occhio. Un panico irrazionale mi travolge come un'onda. Sono capelli, calma, mi dico, chi se ne frega, dopo quello che ti è successo? Ma la scheggia è partita. Insieme a mia moglie, corro nella stanza dei medici nella speranza che il Dottor Tranquillità non abbia già staccato dal turno: ma quando serve c'è sempre, il mio nuovo amico del cervello. Stavolta non ha risposte. È vero, constata incuriosito, sto subendo una evidente perdita di capelli, ma non può essere motivata da patologie particolari, controlla se i farmaci che sto prendendo quotidianamente possano avere controindicazioni specifiche, e no, in letteratura scientifica non ci sono precedenti. Non può che tirare fuori la carta del jolly, quella che sblocca le partite dei medici in assenza di diagnosi. Stress. Ci sta, vista la mia situazione, succede spesso a chi ha subito un ictus, anche se aggiunge sinceramente che in genere capita molti mesi dopo, non dopo solo due settimane. Organizzerà una visita nei prossimi giorni con una dermatologa interna e mi consiglia di non pensarci troppo, congedandomi con una pacca sulla spalla.

Facile a dirsi.

Quando Francesca se ne va e resto solo nella stanza, controllo per ore compulsivamente il cuscino dove cascano di continuo i miei sottilissimi e già radi capelli e ispeziono allo specchio gli eventuali effetti sulla nuca, che penso ormai scoperta. Non è così, ancora. Ma questa piccola trascurabile presunta alopecia diventa per me il segno di un decadimento totale, la spia crudele di un declino fisico, lo spettro del tramonto della mia presenza perduta.

Passo una notte orribile.

E siccome il diavolo ci mette la coda, arriva in reparto anche una nuova paziente: sento il rumore del suo trasferimento non lontano dalla mia stanza, il vociare degli infermieri, e all'improvviso un urlo nel silenzio della notte, un urlo disperato.

«Aiuto! Aiuto!» grida la voce che attraversa le stanze di tutti, i dormienti, gli insonni, i rassegnati, i combattenti. «Aiuto! Voglio mio figlio! Aiuto!»

Adesso si calmerà, penso, contando i capelli sparsi nel letto, le daranno un sedativo.

«Aiuto! Aiuto! Voglio mio figlio» continua la voce nella notte del regno dei fulminati. «Aiuto!» si dispera.

E lo farà per tutta la notte, fino all'alba, quando, stremato e convinto di svegliarmi totalmente calvo, mollo gli ormeggi e lascio finalmente alla corrente del sonno la mia angoscia e la mia veglia.

# 8

La giovane maestra dice che nei prossimi mesi dovrò sopportare un lavoro molto ripetitivo: ripetere, ripetere, ripetere e poi ripetere, fino alla nausea. La giovane maestra mi avverte che la mia funzione di articolazione è particolarmente compromessa e ho difficoltà a mantenere i progressi ottenuti il giorno prima.

La giovane maestra ammette che, premessa la fortuna di essere vivo, sembra quasi che qualcuno abbia mirato con arco e freccia esattamente il punto più nascosto e cruciale del mio linguaggio, come un sicario in missione, come un nemico vendicativo. In pratica, la giovane maestra pensa a voce alta che sono un caso complicato, e probabilmente pensa a voce bassa che sono un caso disperato. Però interessante, presumo: ancora un po' spavaldo, verbalmente torrenziale nonostante gli sbagli continui, con un inutile ma ampio vocabolario sigillato nella testa, l'illusione ingenua di aver mantenuto la brillantezza di un tempo, insieme all'affacciarsi improvviso della malinconia. Un caso complicato, un caso disperato, soprattutto un caso umano. Bingo.

Dopo la N, fatta, rifatta, scordata, rifatta, scordata, rifatta, abbiamo affrontato la P: suono anteriore, non suono posteriore, mi ricorda. Una specie di sputo. Poi la C, che si dice K se è dura, e CI se dolce, e qui abbiamo incontrato una delle parole per me più inaccessibili, CHELE, unione di KE-LE, che sembrano essere nel mio cervello, chissà perché, il diavolo e l'acqua santa. Mi impunto su CHELE per giorni e giorni, fino a odiare il disegnino esplicativo del granchio più di un simbolo maledetto. Le due sillabe diventano l'esempio delle mie criticità, CHE dura, LE linguale, che dice?, non ci capisco niente e non riesco a metterle insieme, anche quando Angel Face allunga la parola in CHEEEEE-LLL per farmi prendere la rincorsa. Di sicuro non mangerò più i crostacei in vita mia.

Ma mentre stiamo facendo lo slalom gigante tra i fonemi dissipati, la maestra ha un'intuizione. O meglio, un ricordo, un lampo. Ieri, quando ci siamo salutati, le ho detto: «Allora a domani alle dieci! Cioè alle cinque. Alle tre...».

«Le dodici» mi aveva chiarito lei. Non ci aveva fatto granché caso, una mia distrazione. Ma adesso un brusco pensiero le torna in mente.

«Che ore sono?» mi chiede.

Sbuffo: ancora, dopo i giorni, le ore. Rispondo annoiato, ma sparo numeri a caso, come ieri: le undici, le tre, le sette, le cinque!

Oh cazzo, i numeri. Ecco un'altra cosa che ho perso, ma come ho fatto a non capirlo subito?

I numeri.

È vero che, come dice la mia canzone dimenticata, la matematica non è mai stato il mestiere, ma qui la situazione è più grave. Ho un buco nero ancora più abissale dentro di me, un cratere desolato, un vuoto cosmico: i numeri. Angel Face mi ha stanato.

«Prova a contare» mi incoraggia.

Parto a scatto: «Uno, due, tre, quattro, cinque, sei, sette, otto, nove, dieci, undici, dodici...». Meno male, ricordo tutto!

«Bravo» mi concede la giovane maestra. «Quindi adesso sono le...?»

Guardo il cellulare, l'orologio è rimasto sul mio comodino di casa quando mi sono sentito male. Le dodici e quarantasette. Silenzio. Non lo so dire. Ma se sono arrivato a contare fino a dodici un momento fa?

«Mi sa che dobbiamo ritrovare anche i numeri» conferma lei, e senza che le avessi detto niente, mi spiega perché sembra che sappia contare e non ricordo i numeri.

«La tua memoria automatica, che ti permette di parlare ancora in qualche modo, al di là degli errori, funziona anche nella sequenza numerica, ma è come un nastro che parte da solo, senza un'elaborazione concettuale.»

Non diciamo frasi complicate, le vorrei dire, ricordati che ho avuto un infarto cerebrale.

«Insomma» prosegue, «i numeri nella tua testa ci sono, ma non si vedono e sono fuori posto: vanno riacciuffati per i capelli, uno a uno, spolverati e rimessi in ordine. Un lavoraccio.»

Ho capito, ci vuole Mary Poppins, altro che la giovane maestra. Prende il mio quaderno e scrive di seguito, con pazienza, a caratteri cubitali, da uno a sessanta.

«Cominciamo» mi sorride. «Per esempio, questo che numero è?»

Leggo ventinove, mentalmente, ma non so come si dice. Il numero non arriva alla bocca. Taccio.

«E questo?»

Sedici. Buio pesto. Siamo alla primina, nella classe degli ultimi arrivati. Dovrò imparare nuovamente tutti i numeri, tutti, tutti, persino l'anno in cui siamo. Pensavo fosse il 2018, infatti, fino a quel momento, ma ne avevo perso uno, proprio quello dell'ictus.

# 9

Maria Carolina, Goffredo e Vittoria: il mio mantra incespicato di tutti i risvegli. A poco a poco sto migliorando, i loro nomi sono ancora accennati, soprattutto il temibile Goffredo, ma iniziano a prendere forma, si intravedono nella nebbia. Il foglio preparato da mia zia con le loro foto spensierate sta diventando un cencio, stropicciato dall'uso compulsivo, inondato dall'acqua che cerco di bere durante le notti irrequiete senza riuscire a trovare con la mano priva di sensibilità il bicchiere sul comodino. Una notte, invece di prendere la sveglia per controllare che ora fosse, ho afferrato proprio il bicchiere colmo e invece di trovare l'ora lampeggiante mi sono fatto la doccia a letto.

Maria Carolina, Goffredo e Vittoria. Mi mancano, tanto, e ne ho paura. Ma oggi non posso sottrarmi ancora, devo rivederli, è il momento, procrastinare sarebbe da vigliacchi, e non da padre. Il destino mi mette davanti l'occasione giusta, il compleanno di Goffredo, diciassette anni, il mio ragazzo taciturno ed emozionante, l'altro me che vorrei migliore di me, e credo che lo sia già. È sabato, anche se non so come si dice, il Dottor Tranquillità e i suoi colleghi mi hanno concesso un permesso di tre ore per uscire a pranzo, e con Francesca abbiamo prenotato un ristorante qui vicino per mangiare tutti insieme. Non voglio che i ragazzi entrino in clinica, ho bisogno che la prima volta dopo l'attacco mi vedano come mi hanno sempre visto, in abiti "borghesi", apparentemente vigoroso, sicuro e sorridente. Un attore per una recita con solo tre spettatori. Sono eccitato, trepidante, terrorizzato, ma, più di tutto, fatalista. La mattina, tra la colazione («Orzo o latte?» e ancora uno sgorbio di risposta sconfortante) e l'ora dell'appuntamento, al limitare del parco ordinato della Santa Lucia, fino a dove possono entrare le macchine, il tempo si accuccia ai miei piedi come un cane fedele, silenzioso, non invadente, rispettoso della mia attesa straordinariamente calma. Loro arriveranno alle tredici, e verso mezzogiorno, quindi molto più in anticipo di quanto sia necessario, apro l'armadio per scegliere cosa indossare tra i pochi vestiti portati da casa: un innamorato al primo appuntamento. Mi tolgo la tuta da Escobar, la T-shirt con il simbolo dell'albero della conoscenza dove i frutti sembrano i miei neuroni rimasti di cui qui si prendono cura, e le scarpe da ginnastica che non ho mai sfruttato così tanto, vista la mia refrattarietà agli sport, a parte qualche rara partita a tennis, a cui peraltro, con questa mano deficitaria, dubito che potrò giocare ancora. Resto in boxer, mi specchio: ho ripreso qualcuno dei chili dispersi sull'orlo del precipizio, non sono certo magro, tuttavia ho un aspetto consumato, una fragilità nuova. *Ecce homo*. Apro una camicia celeste, i bottoni sono marchingegni diabolici, uso solo la mano sinistra, l'altra fa da ornamento. Indosso i calzini blu, seduto sul letto. I pantaloni neri di jeans, quelli che ho cercato disperatamente di indossare al momento della crisi e che adesso tornano agevoli, eccetto la chiusura alla vita. Un golf di lana tortora, dove affogo nelle maniche che non riesco a infilare, tanto che mi sembra una camicia di forza. La scarpe scamosciate e i loro lacci insidiosi.

Sono pronto.

Ma è presto. Fuori la giornata sembra respirare un'aria tersa, ogni cosa è nitida; dall'alto del sesto piano spazio con uno sguardo dal giardino che circonda l'edificio ai padiglioni esterni dell'ambulatorio infantile, dove vedo ogni giorno genitori segnati e bambini impavidi entrare e uscire, e poi più avanti, a sinistra, al quartiere recente con i tetti che ricordano l'Olanda, un accenno di bosco, i pini lontani, la campagna romana da stampa ottocentesca. Il mondo: là, fuori. Lo osservo attraverso la mia finestra blindata, perché le nostre stanze non possono permettersi aperture, con il rischio che qualcuno di noi possa fare un gesto disperato e banale, come buttarsi giù e al diavolo i nostri corpi guastati. Mancano quindici minuti ed è meglio andare. Il giaccone blu in spalla, mi pavoneggio un po' con le infermiere grazie al mio aspetto cittadino, senza la tuta del degente abbrutito, mi sento sereno, nonostante il terrore sordo di vedere i ragazzi, e di dover parlare con loro. Tra poco, tra qualche minuto. Scendo con l'ascensore. Quasi libero. Quasi forte. L'atrio deserto. La porta da spingere con la mano sinistra. Potessi fumare ancora, sarebbe il momento giusto. Ma guasterebbe tutto, il clima da romanzo, quel pezzo di primavera regalata in anticipo, l'attesa ponderata, la pulizia del tutto. Cammino sul sentiero accanto al prato, fino alla curva dove transitano le auto dirette al parcheggio. Controllo la mia andatura instabile, perché non vedano le mie indecisioni, l'equilibrio ancora sghimbescio. Mi fermo, aspetto. Ecco la macchina. Francesca fa la curva quasi a rotta di collo, mi vede, inchioda, parcheggia sul ciglio della strada. I vetri specchiano il riflesso del sole, non riesco ancora a vederli. Poi sì.

È Vittoria la prima a scendere, mi assomiglia, dico io, da sempre, anche ora che salta fuori dall'auto e rompe il ghiaccio, corre ad abbracciarmi: «Ciao, papà!» trilla. Subito dopo, la mia newyorkese elegante e scafata ma improvvisamente ritornata bambina, oggi si è messa gli occhiali da vista che di solito detesta, un maglione sformato che forse ha rubato a me, felice ma circospetta, Maria Carolina. Il festeggiato sembra ancora più alto, possibile che sia cresciuto in queste due settimane? Ha la consueta ritrosia da finto duro indifferente, quel timore pudico di esternare i sentimenti, protegge gli occhi dal sole, china il capo quasi a spostarmi la guancia nel suo simulacro di bacio, una testata più che un bacio. Goffredo.

«Evviva!» esclamo. «Evviva. Sono qua. Tutto bene.»

E non sbaglio una parola, per quanto sono concentrato. Franci mi toglie dall'impaccio, prende in mano la situazione, fa risalire tutti in macchina, io vicino a lei che guida, che è un piccolo trascurabile segno che la gerarchia di guida è cambiata, almeno per ora, illustra il programma che prevede il ristorantino che abbiamo scelto insieme, sull'Appia Antica, a poche centinaia di metri dalla clinica, eppure lontanissimo, quasi sia un gita turistica da vacanza romana e noi una famiglia con la cartina in mano.

«Stai bene» sussurra quasi stupita da dietro Maria Carolina.

«Abbastanza» fingo, «ma che cosa avete pensato?»

Francesca sterza sull'Appia Antica e, sguardo sulla strada, mi rivela: «Vittoria aveva pensato che non camminavi più, che avevi bisogno di un aiuto. Me l'ha detto prima. Ma anche Caro, che pure ti aveva visto in ospedale».

«È vero?» chiedo. Come mi avrà visto Maria Carolina, in quali condizioni? Che paura avrà avuto, mi danno...

«È vero» conferma, «non avevo capito» risponde quasi mortificata, mentre Vittoria bisbiglia: «Scusa, ma non ci avete spiegato niente».

E io e Franci, che intanto parcheggia l'auto nel cortile del ristorante, ci guardiamo in colpa, ma il problema sono stato io, troppo tremebondo per coinvolgerli e mostrarmi fragile ai loro occhi, fuggito da giorni come un disertore, ho alimentato le loro paure e hanno visto fantasmi persino più grossi della realtà. Goffredo tace, non è una novità, e scendiamo dalla macchina per entrare al ristorante. La giornata è così inusuale per metà febbraio che scegliamo un tavolo fuori. Oltre a noi, ci sono due ragazzi e due ragazze americane, che ridono, bevono, flirtano, dopo una passeggiata con le biciclette in quel pezzo di Roma quasi bucolica che noi romani non vediamo più. C'è davvero un'aria di vacanza. Francesca è raggiante per la famiglia ritrovata, io frastornato ma vigile. E felice, molto. Dopo aver ordinato, cercando l'aiuto di mia moglie come interprete con il cameriere, sento di spiegare ai ragazzi le mie difficoltà: la maestria professionale che mi sorregge per girare intorno alle parole che non mi vengono, praticamente tutte, e mi porta ad abbozzare un discorso senza fretta e curato.

«Non parlo bene al momento» confesso, «faccio tanti errori. Scusatemi, ritornerò quello di prima. Mi dispiace.»

Credo in realtà di non aver fatto nessuno sbaglio, quasi un miracolo. Loro possono solo annuire ma forse sono angosciati da questo padre che li ha sempre inondati di parole e ora, impacciato nei suoi discorsi spezzati, gli chiede pure scusa. Francesca ripete ai ragazzi in modo semplice e non troppo angoscioso, come avrà già fatto e come ormai sa fare, quello che ho avuto, l'attacco ischemico, la carotide lacerata, i danni subiti, l'intervento risolutore.

«Voi ricordate qualcosa di quando sono stato male?» Uno dei crucci nel momento in cui mi hanno portato via.

«Io sì» interviene dal nulla Goffredo.

Lo guardiamo tutti, sorpresi.

«Ero in camera, ho sentito che urlavi, ho avvisato mamma e ho capito più o meno cosa ti stava succedendo.»

«Cosa?» chiedo stupefatto.

«Stavi avendo un ictus: non riuscivi a parlare, non muovevi una parte del corpo. Avevo visto un film sull'ictus a scuola qualche giorno prima, ed era uguale.»

Il professor Goffredo, come lo chiamavo da bambino, aveva capito tutto. Li ho sottovalutati, sono grandi, non ho più bisogno di allontanarmi dalla loro vita per proteggerli, sono io che devo essere protetto in questa fase, e loro sono la mia protezione più tenace.

Arriva la torta, le candeline da spegnere, i ragazzi americani ci chiedono se vogliamo che scattino una foto. *Cheers*.

# 10

L'incontro con i ragazzi segna un punto di svolta, per me. Quella parossistica ostinazione di chiudermi agli occhi del mondo ora inizia a sembrarmi una fesseria sesquipedale. Anche certe fantasie serali, la ricerca di un centro specialistico dove passare i prossimi mesi come eremita per rimettermi in sesto (in particolare mi ero informato su una clinica rinomata per la logopedia in Svizzera, affacciata su un lago malinconico, che mi appariva perfetta, una sorta di scenario tipo *L'anno scorso a Marienbad*), si trasformano in ipotesi irrealistiche. Parlo male, va bene, ma forse meglio affrontare a viso aperto il mondo, senza vergogna: peraltro, più parlo più miglioro, diventa un esercizio, anche Angel Face me l'ha detto. Fino a questo punto, a parte i miei, mamma e papà in straordinaria trasferta dalla Balduina all'Ardeatina, loro che da mesi non escono più, mio fratello Roberto e la sua famiglia, gli zii cantanti e non cantanti, gli unici visitatori sono stati, come previsto, gli amici medici: per non farci mancare niente in una variegata gamma di specializzazioni, un endocrinologo, un cardiologo, un oculista, un gastroenterologo (in più recentemente anche coach mentale, una sua eccentrità che all'epoca mi aveva lasciato perplesso, ma ora invece guardo con rispetto), persino due ginecologi, fosse mai che la vita apra nuovi spiragli procreativi. Adesso voglio aprire le porte, *cum grano salis*, ad altri, pochi, amici. Uno di loro è già passato la settimana scorsa, per aiutarmi su un passaggio di lavoro ineludibile: l'annuncio della sospensione del mio programma *Rabona*, che sarebbe dovuto tornare in onda dopo la pausa di Sanremo. Il mio sodale di tante avventure e uno degli autori della trasmissione, Antonio, essendo anche il mio guru del web, è venuto alla Santa Lucia per elaborare assieme a me il comunicato sulla sospensione: è delicato, non voglio far trapelare al momento le ragioni di forza maggiore che mi hanno costretto a chiudere il programma, non sono pronto, è troppo presto. Ma allo stesso tempo non desidero che i telespettatori, e l'ambiente malizioso degli addetti ai lavori, pensino che il percorso di *Rabona*, un piccolo gioiello di nicchia ma per me molto gratificante, sia stato chiuso per ragioni editoriali, a causa degli ascolti, e non per un incidente sfortunato. Il modo migliore che abbiamo pensato è un tweet, strumento di comunicazione molto adatto a me che ne faccio un uso abbondante, che parta direttamente dal mio account e che venga condiviso dal programma stesso e da Rai Tre. Ora c'è un problema, però.

Io non so più scrivere.

Cioè, ci provo, ma il processo è ancora molto farraginoso. Io e Antonio cerchiamo una frase adatta, non drammatizzante ma che giustifichi questa chiusura inattesa, un po' ironica ma neanche con un'atmosfera gioiosa, che faccia trapelare un problema di salute ma senza il rischio di evocare scenari di gravità. È un bel cazzo di problema. Antonio prende in mano la situazione, perché io sono bloccato davanti al foglio bianco, che un tempo era un campo di battaglia dove non vedevo l'ora di mandare alla carica i miei ussari creativi. Ma la frase partorita da lui manca di qualcosa. Io vorrei una metafora sportiva, considerato il tema del programma, che ne so, una fermata al box, un break, un time out, ma niente sembra adatto, e sono già così stanco da avere voglia di reclinare la testa sul foglio e fermarmi lì. Alla fine in un piccolo colpo d'ala troviamo la quadra. Pubblichiamo.

Dice: "Come durante una stagione può capitare a un calciatore, mi trovo alle prese con un infortunio. Torneremo presto in forma, con *Rabona* e con il resto. Grazie a tutti, non perdiamoci di vista".

Tutto vero, tutto giusto, tranne quel "torneremo presto in forma", che è una bugia. Ma una bugia innocente, ci sta. Quello che non ci sta è che l'atto di scrivere continua a essere per me particolarmente estenuante. I messaggi sullo smartphone non sono più solo faccine infantili, da qualche giorno tento di elaborare frasi compiute, ma è un cammino accidentato e pieno di macerie. Una città diroccata, una Beirut degli anni Settanta. Scrivere: l'ho perso per sempre? Nei giorni scorsi ho cercato di adempiere al compito commissionato dalla neuropsicologa di Van Gogh, ma è stata una tribolazione mortificante. Il flusso di parole, che a parlare è sbandato ma fin troppo impetuoso, nel momento di scrivere si inaridisce, si perde in un terreno limaccioso. La storia di Cappuccetto Rosso che ho tentato di riassumere è un regresso all'infanzia dimenticata, quando, per concentrarmi, succhiavo il cravattino del grembiule sul banco di scuola. È pieno di cancellature, errori, correzioni, ma soprattutto dimostra ancora problemi cognitivi evidenti, con una costruzione del racconto estremamente elementare.

La ragazza era sola quando entrò nel bosco. Si chiamava Cappuccetto Rosso e voleva andare alla sua amata nonna. Era tardi e Cappuccetto Rosso decise di andare lo stesso. Il buio era grande. La ragazza camminò da sola dentro il bosco quando arrivò nella casa della nonna. Entrò. "Nonna" disse lei, "io sono arrivata!" La nonna era diversa. Cappuccetto disse: "Che grandi occhi che hai, nonna!". A nonna risponde. "È vederti meglio!". E la fanciulla disse poi: "Nonna, che grande bocca che hai!". "È per baciarti meglio, tesoro!" E Cappuccetto ancora: "Nonna, che grandi mani che hai!". Nonna prese la ragazza e disse: "È per prenderti con te!". La nonna si trasformò in un lupo e cercò di rapire Cappuccetto Rosso. La fanciulla corse di lontano e scappò. Tornò alla casa e visse felice e contenta.

È tutto ciò che ho elaborato dopo due ore di fatica.

La mia testa è vuota, è un vaso rotto. Non mi accorgo dei tempi verbali diversi, dei pronomi e delle preposizioni sbagliate, ma mi rendo conto dello svolgimento rudimentale della storia e delle mie capacità rovinate, e mi dispero. Al punto di non mostrare né a Madame Van Gogh né alla giovane maestra il frutto della mia inettitudine. D'altronde la seconda mi ha già riferito che dal suo punto di vista la scrittura è un tema serio, che però non possiamo affrontare senza aver compiuto progressi maggiori sul linguaggio orale. Sono io che scalpito. Vorrei bruciare le tappe, ma il vero Giro deve ancora iniziare e non sarà una cronometro, sarà un percorso irto di montagne da scalare.

Ho chiesto a Francesca di procurarmi un libro sull'afasia che ho scovato in Internet, perché voglio studiare il nemico da uccidere, guardarlo in faccia, capirne i segreti. La fisioterapista intellettuale, che continua tutti i giorni a rimettermi in sesto la mano destra, ha notato il libro sul mio comodino e l'ha apprezzato, svelandomi che l'autrice è una famosa logopedista e neuropsicologa milanese, Anna Basso, che ha collaborato anche con la Santa Lucia, una decana del campo. La mia soglia di attenzione nella lettura non è ancora ritornata ai livelli di prima; nel romanzo di Chabon mi perdo tra le righe e i ragionamenti ogni sera prima di dormire, e quello acquistato è un saggio per addetti ai lavori e studiosi di tecniche di apprendimento, non per pazienti vagamente confusi. Tuttavia mi apre fronti interessanti, soprattutto per quanto riguarda il mio doppio binario, il fatto che riesco in qualche modo a parlare, sebbene con un eloquio infarcito di svarioni e imprecisioni nella scelta delle lettere e delle sillabe, e non riuscire a pronunciare allo stesso tempo neanche un abbozzo di parola programmata. Già dalle prime pagine capisco che non sono un caso raro. Mi resta subito in testa l'esempio di scuola citato dalla professoressa Basso, molto adatto al mio disturbo legato anche ai nomi propri: quando a una signora afasica francese il neurologo che la aveva in cura chiese quale fosse il nome di sua figlia, la signora, incapace di rispondergli, si rivolse alla figlia in questione, che era accanto a lei, e quasi scusandosi le disse: "Voilà, Jacqueline, non so neppure più dire il tuo nome!". Dirlo intenzionalmente era per lei impossibile, ma parlando in automatico le veniva naturale, in una dissociazione plateale.

Già, penso, ecco cosa siamo, noi afasici fluenti. Siamo fondamentalmente dei dissociati.

## 11

Ogni volta che finisco la seduta di logopedia con Angel Face, anche se per me sono più che lezioni, piuttosto momenti necessari di empatia e rinascita, tanto che conto le ore per l'appuntamento successivo, prima di uscire dalla mia stanza mi soffermo su una scritta: un foglio appeso sulla parte interna della porta, dove c'è solo una parola in inglese, a caratteri cubitali: NEGLECT.

È un lampo, un'occhiata sghimbescia, ma mi trasmette un'ansia istintiva, e forse è per questo che per molto tempo non chiedo alla mia maestra cosa voglia dire. Già il fatto che sia una parola straniera mi inibisce: durante le sedute, se incappo su un vocabolo di un'altra lingua, la mia reazione è impotente, i miei tentativi di pronunciarla ridicoli. Ogni termine in inglese, persino quelli di uso corrente, mi sono preclusi: computer, live, break, badge, check-up, e-mail, gossip, leader, network, scoop, stress, weekend. Im-pro-nun-cia-bi-li. Neanche dopo mille tentativi, neanche con Angel Face che mi mostra allo specchio come muove la bocca mentre li articola. Naturalmente ne conosco e ne ricordo il significato, anche su quel lato la memoria cognitiva è rimasta intatta, ma, ancora di più delle parole del vocabolario italiano, quelle in inglese, ma anche in portoghese, l'unica lingua straniera che ho praticato realmente, sono sciarade inestricabili. Quando ho cercato di nominare davanti ad Angel Face la città più famosa del mondo, New York, per raccontarle il viaggio incantato con mia figlia, è uscito il lamento di un elefante torturato, "Fiuo Uruah", una roba aberrante. E non riesco a dire WhatsApp, nonostante lo usi tutti i giorni anche lì, anzi mi arrendo in anticipo e faccio vedere direttamente il simbolo sul telefono. La spiegazione per una volta è facile da capire: la giovane maestra, ma anche il Dottor Tranquillità, mi chiariscono che il mio cervello sta così faticando a strutturare i nuovi circuiti che mi consentano di bypassare l'area colpita dall'ictus, che deve concentrarsi sul canale più agevole, e più utile: l'italiano. Le altre lingue al momento possono restare comodamente nel cassetto, non sono la priorità, non devono ostacolare gli sforzi cerebrali, poi vedremo. È ragionevole, per una volta, il comportamento del mio cervello. Ed è ragionevole che per tutto questo tempo non abbia cercato spiegazioni sulla scritta NEGLECT e sia passato ad altro, chiudendo la porta alle spalle di quelle lettere misteriose e tornando in reparto.

Ma quel giorno, no.

Voglio sapere.

È un termine che ha a che fare anche con la mia condizione? Chi sono i negletti? Persone o parole? Malattie o tecniche? Perché mi fa paura istintivamente quella scritta?

«Che vuol dire?» mi fermo sulla porta e la indico ad Angel Face.

Ormai tra noi c'è una confidenza importante che, senza valicare la professionalità, mi dà abbastanza sicurezza per lasciarmi andare davanti a lei, con le mie lacune e le mie ansie. Inoltre lei sa che posso gestire le informazioni riguardo agli infarti cerebrali con una nuova curiosità intellettuale, come esperto del settore sfortunatamente sulla propria pelle.

«Neglect?» chiede, anche se ha già capito. E mi racconta.

La sorte di chi ha subito un ictus è un enigma: il danno subito dall'interruzione dell'afflusso sanguigno al cervello dipende da molti fattori. Il tempo di intervento, per esempio. Ogni minuto è prezioso, chi come me ha avuto la fortuna di avere accanto in quel momento una persona che ha compreso la gravità della situazione e ha chiamato i soccorsi, la mia provvidenziale Francesca, ha più possibilità di cavarsela, al di là del fatto che nel mio caso ci sia stata la necessità di un'ulteriore operazione salvavita. In un altro reparto della Santa Lucia, mi hanno detto le voci di Radio Clinica, c'è un paziente che ha avuto la disgrazia di incorrere in un ictus durante un volo transoceanico, senza che nessuno se ne accorgesse, sembrava addormentato e tutti hanno compreso l'accaduto solo dopo che l'aereo era atterrato e le hostess hanno cercato di risvegliarlo: troppo tardi e senza possibilità di risalire all'ora dell'attacco, purtroppo, e i danni subiti sono stati ingenti. Ma, al netto del fattore tempo, il colpo che si abbatte sulla nostra testa d'improvviso può riservare ingiurie imprevedibili. Le più comuni sono la paralisi parziale o totale del lato del corpo opposto all'emisfero del cervello colpito, come è avvenuto ai miei compagni che lottano ogni giorno in palestra per sconfiggere una disastrosa perdita di controllo motorio. Poi ci sono danni di altro tipo, altrettanto rovinosi: l'afasia, il mio problema principale, la difficoltà di deglutizione, lesioni più o meno gravi alla vista, peggio di tutto l'incapacità di comprensione. Ognuno ha pescato il jolly della propria disabilità, una lotteria di infelicità. Una delle carte più odiose, simile all'Uomo Nero del gioco da bambini, è proprio quella del Neglect, che subisce solo chi ha avuto una lesione nell'emisfero destro, non il mio. È una strana patologia, un mistero cerebrale molto invalidante e bizzarro, davvero stavolta è giusto dire che lascia le persone a metà:

perché tutto quello che si trova alla loro sinistra non esiste più. Suoni, sensazioni, presenze, visuale, percezione. Tutto sparito, tutto volatilizzato. Il mondo per loro si è dimezzato. E quindi lo sventurato che si ritrova con il Neglect come conseguenza dell'ictus smette di considerare qualsiasi cosa esista alla sua sinistra, la ignora, la snobba involontariamente, la rimuove, non comprende più neanche che esiste. Con effetti devastanti: mangiano solo metà del cibo nel piatto, non si lavano la parte sinistra del corpo, non si truccano il viso nella parte sinistra, non si fanno la barba nella parte sinistra, indossano camicie e golf infilando solo la manica destra, urtano mobili, oggetti, stipiti di porte che per loro sono invisibili. A volte pensano che la loro mano sia una mano di un altro che li minaccia, qualcuno che appartiene al mondo oscuro che non conoscono più, a volte hanno la paura della loro condizione, a volte invece ne sono consapevoli e ci ridono sopra, su questa assenza e negazione di tutto lo spazio alla loro sinistra.

Mentre la giovane maestra parla, mi sembra di essere in un libro di Oliver Sachs, eppure realizzo il motivo per cui quella parola scritta sulla porta mi procurava ansia: non solo perché esprime un lato incredibile e pauroso della mia stessa sorte, ma perché ora ricordo dove e da chi avevo sentito il termine Neglect.

Dai medici del reparto mentre parlavano tra loro, fuori dalla mia stanza, nel corridoio, davanti al silenzioso vicino di degenza: quello con la figlia che esce con la scusa di fumare e non fuma, quello con le sopracciglia arruffate, che guarda la finestra e che io provo a intravedere nelle mie camminate inesauste. Parlavano di lui, i medici, proprio di lui, parlavano del negletto della porta accanto.

# 12

La vita alla Santa Lucia è una terra lontana, come il passato. Giorno per giorno, mattone per mattone, forza ritrovata per forza ritrovata, parola per parola. La routine rassicurante, la palestra mattina e sera, il consulto quotidiano dei medici, il momento cruciale della logopedia, i pranzi in solitario, le visite sdoganate degli amici e parenti il pomeriggio, fino alla compagnia di Franci, più che mai Superwoman: porta i figli a scuola, corre al lavoro, conduce il suo programma radiofonico al mattino, organizza quello del giorno dopo, accompagna i figli agli sport pomeridiani, attraversa Roma da parte a parte per venire a trovarmi, mi porta qualcosa da mangiare fuori menu ospedaliero, ritorna alle sette e mezza passate sfidando l'ora di punta, fa la spesa, cucina per i figli viziatissimi (a parte la tutela provvidenziale della nostra amica Flavia che spesso le fa recapitare leccornie preparate da lei), esce con i cani, perché ne abbiamo due, padre e figlia, tanto per complicarci la vita, e alla fine crolla rovinosamente sul divano senza sensi, per ricominciare il giorno dopo. Mentre io sgualcisco il letto con le mie notti ancora agitate, attendendo come il Messia la luce dell'alba. Ho smesso di illudermi che il siero della parola della Cia possa fare il miracolo, piuttosto mi impegno con un'ostinazione martellante nelle sedute della mia maestra, da cui ormai sono dipendente. Sono sedute sfibranti, come mi aveva preannunciato. Al momento non riesco a chiamarla per nome, l'anomia di cui sono affetto continua a farmi sfuggire appunto i nomi propri. Il sillabario prosegue: sto tentando di riscoprire il suono controllato della S, la F, la odiosa D, la perdo sempre, la V che scambio con la B, un po' come fanno gli spagnoli. A poco a poco aumentano i miei numeri, sono passato alle centinaia, anche se spesso continuo a confondere l'ora dell'appuntamento, "Ci vediamo alle quindici, no diciassette, alle undici...", fatico a elencare i giorni della settimana e i mesi dell'anno, ma ci provo, tutte le volte, e alla fine sono riuscito persino a dire ictus, che sembrava un orco piuttosto che una parola, anche dal punto di vista fonetico. È durissima, ma piccoli, piccolissimi miglioramenti arrivano. Leggere a voce alta è una Via Crucis; fra le tre sfere del linguaggio, oltre al parlare e scrivere, è la più danneggiata, forse anche per la mia velocità veemente di lettura che non riesco a frenare. In quanto a scrivere, c'è tempo, insiste Angel Face: il Nobel per la letteratura aspetterà l'autore di Cappuccetto Rosso nel Bosco.

Le mie camminate avanti e indietro nel reparto sono diventate proverbiali, come i vaneggiamenti del figlio di una paziente che ogni giorno proclama a tutti di essere un emissario segreto del Vaticano, tanto da far pensare che quella da ricoverare non era la mamma. Il conduttore della tv, intanto, è diventato per tutti Andrea, e mi commuove il ruolo che ho trovato casualmente e spontaneamente: il motivatore dei miei nuovi fratelli cerebrolesi. Ho il vantaggio di avere sostanzialmente il fisico integro, camuffo gli impacci linguistici, cerco una parola per tutti, li sprono ad andare avanti, sorrido a denti larghi, e funziona: miracoli della tv. Poi magari torno in camera e mi viene da piangere. Con loro condivido per sempre l'immotivato senso di colpa per quel che ci è successo, e la vergogna istintiva dell'evento quasi indicibile che ha interrotto la nostra esistenza ordinaria senza possibilità reale di ritorno.

La Santa Lucia è davvero un bel posto per ristabilirsi. Il migliore, almeno a Roma.

Ma a un certo punto voglio tornare a casa. Quella tentazione di fuggire da tutti e da tutto, chiuso nel mio esilio di riparazione delle funzioni danneggiate, è svanita. Voglio tornare a casa.

Con Francesca, i figli, i cani, il divano, i libri, il mio bagno, le mie strade. È successo così, senza preavviso, una lucida necessità della vita pre e postospedaliera. Il Dottor Tranquillità mi aveva fissato l'ultimo controllo la prossima settimana, ma gli chiedo se posso farlo anche fuori, privatamente, se non ci sono rischi a non eseguirlo lì in clinica, e lui capisce subito che è il momento di lasciarmi andare, che ormai sono diventato un leone in gabbia, e per quelli come noi, ingiuriati da un ictus, una gabbia è deleteria. Ne parlerà con il primario, anche per proseguire in day hospital i trattamenti necessari, la fisioterapia alla mano, la logopedia soprattutto, sempre con la mia imprescindibile e adorata giovane maestra, ma pensa che venerdì potrebbe dimettermi.

A un mese esatto dall'intervento.

Un mese tra ospedale e clinica, il mese più lungo, più sconvolgente, più incisivo della mia vita, dove ho perso ogni parola che sapevo. Eppure, non so perché, sono sicuro di tornare a casa con un modo di comunicare più profondo di prima.

# TORNANDO A CASA

# 1

Stavolta è vero, non fa trucchi la mia immaginazione. C'è il sole, ed è una di quelle giornate che Roma fa la stronza di giorno, oltre a fare la stupida la sera. Quando Francesca imbocca la via dove abitiamo, uno squarcio di cielo tra i palazzi e gli immancabili pini romani mi investe, i sensi si allertano, sto tornando a casa. Casa.

Sembro un soldato americano reduce dal Vietnam, svuotato dai massacri a cui ha assistito, ma alla ricerca celata di un tepore perduto. Ogni cosa mi appare quasi iperrealista: i marciapiedi, l'insegna del mio bar, i militari a guardia dell'ambasciata algerina, la signora che attraversa la strada con le buste della spesa, il tappezziere seduto davanti alla bottega come il sindaco del rione. Un quadro di Richard Estes proiettato al Pinciano. È venerdì 1° marzo 2019, e questa volta non sbaglio data.

Esco dalla macchina con circospezione, Franci ha la premura di starmi vicino, ripercorro all'incontrario il tragitto lungo il quale un mese fa sono stato trascinato dai paramedici in barella con il timore di apparire discinto. Sono talmente convinto di impersonare la parte del sopravvissuto dall'ictus che zoppico inconsapevolmente, quando in realtà sto bene. Il portiere mi viene incontro e mi saluta con un sorriso schietto: "Carmelo" vorrei dirgli, ma i nomi, i nomi, ancora ci sto lavorando ai nomi. L'abitudine dell'atrio, il cigolio dell'ascensore, i cani dietro la porta che abbaiano: sì, sono tornato. Dentro, i tre figli che mi sommergono di abbracci, vivaci, teneri, trattenuti, come sono loro. Il salone con le finestre ancora senza tende, le compreremo prima o poi, i miei libri, l'appendicappotti stracolmo, il tappeto turco con il tessuto morsicchiato al centro dalla nuova arrivata, Keira, figlia di Josh, come in un passo biblico. Pace, penso, pace. L'emergenza è finita, la vita è ancora possibile. Il corridoio in penombra, la porta bianca, la nostra camera. E il letto, dove facevo colazione. Tutto è iniziato lì. Il luogo del delitto, transennato dai nastri invisibili della mia polizia scientifica. Mi sembra di vedere la sagoma sul letto, come il contorno di gesso sull'asfalto nei film americani. Scaccio il pensiero, è giorno di festa. E il mio vitello grasso è infantile: pasta al burro e mozzarella di bufala. Ho bisogno di viziarmi. Tutti insieme, stretti stretti, al tavolo della cucina; nell'occasione nessuno dei ragazzi, pazzesco, smanetta con il cellulare, Francesca si prodiga come al solito, io parlo di merda, ma non me ne frega niente, stavolta. Mi accetteranno, mi convinco: il papà degli Incredibili, come mi ha raffigurato Maria Carolina in un fotomontaggio che mi ha regalato, ha tolto la tuta del supereroe, ha tolto anche la tuta carceraria della Santa Lucia, e adesso è vestito da uomo normale, anche se gli uomini normali sanno parlare meglio.

Dopo pranzo mi riposo sul divano, leggo il giornale, accendo la tv, guardo davanti a me, il tempo non fa rumore. Più tardi Francesca mi propone una passeggiata e accetto, ho voglia di camminare nel quartiere. Scendo in strada con una nuova cautela, sotto braccio a mia moglie, passi lenti, un vecchio debole. "René and Georgette Magritte, with their dog after the war" canticchio ricordando la canzone di Paul Simon. Vorrei incontrare qualcuno, un conoscente, per raccontare in modo disinvolto che sono appena tornato dall'ospedale e che ho rischiato di morire, ma non incontro nessuno. Solo volti di ignoti distratti passanti. D'improvviso sono stanco. Molto stanco. Così tanto stanco che voglio tornare a casa subito, ma subito, amore mio, subito.

Mi ritiro sul divano, trovo la serie che seguivo su Netflix, su un ispettore tormentato che cerca un serial killer tra i ghiacci canadesi, e mi sono di aiuto quegli scenari glaciali da Grande Nord, mi infondono, nonostante i delitti efferati dell'assassino, un senso di quiete. Come una goccia perfetta che cade nel lago immobile del tempo da passare. Appunto, il tempo non fa rumore, ripeto. Però la quiete è fragile stavolta, il lago è increspato, c'è qualcosa di disagevole, una paura, un'ansia che non si vede, una minaccia sottile. Piccoli dolori. Alla testa, alla tempia, la mandibola, la gola. Fastidi, piuttosto. Ma ripetuti. Ci penso, mi agito, scaccio i timori, ma tornano, fastidi, piccoli dolori, come mai? Francesca è andata a fare la spesa, mi sento solo, fastidi, piccoli dolori, è possibile che sia un sintomo sospetto? Un altro ictus, addirittura? Come no, piantala, scemo, eppure la mandibola, la tempia, e mi sento solo, senza infermieri a pochi metri, senza il Dottor Tranquillità da chiamare, solo, lontano da chi mi può aiutare, aiuto, quasi sussurro, ma forse no, ma no, non è niente, suggestioni, guarda la serie, sento i rumori dei ragazzi nelle loro stanze, tutto va bene, sono a casa, casa mia, adesso torna Francesca, nondimeno vedo male, si è abbassata la vista, troppo buio qui, ho fatto un controllo della vista alla Santa Lucia, solo dieci giorni fa, cosa dici, cretino? Anche se lo schermo della tv in effetti mi sembra sfocato, e gli occhi stanchi, persino arrossati, ma non pensarci, guarda le serie, è solo una suggestione, è solo che non c'è Francesca, ecco, sta per arrivare, sento l'ascensore, non farle capire che hai paura, e poi di che hai paura?, il peggio è già finito, sei solo stressato, ma a casa starai bene, ce l'hai fatta.

E infatti è così. Quella sera sto bene: *L'eredità* con *La ghigliottina*, gioco in cui di solito sono bravo a indovinare e adesso mi sembra la scalata dell'Everest a mani nude, il Tg1 delle otto, un'altra cena in famiglia, un libro più facile da leggere, recupero il primo del ciclo di Nero Wolfe, che ho amato tanto da ragazzo: Archie Goodwin e il suo bicchiere di latte, Fritz Brenner, le orchidee, la vecchia casa di arenaria; sento di avere bisogno di un ambiente che già conosco per ritrovare la lettura senza stanchezza, ma in realtà è forse un rifugio costruito da adolescente e diventa una tana dove accucciarsi.

«Vieni?» dico a Franci, ma senza desideri maliziosi. Voglio solo dormire con lei. Non pensavo che tornare a casa nascondesse insidie allarmanti. È invece così. Dormo male, nonostante lo Xanax, mi sveglio all'alba, resto immobile e senza pensieri per di più un'ora. Poi mi assopisco ancora, i cuscini stropicciati. Quando mi risveglio, non trovo Francesca al mio fianco. Alzo le serrande.

Non c'è.

Realizzo che sto rivivendo la stessa scena di un mese fa, un mese esatto, e come un mese fa è sabato. Ho una saetta di panico.

«Arrivo, stai tranquillo» entra in scena mia moglie, con il vassoio della colazione pronta, e si mette accanto a me, capendo da donna sensibile che quei dieci minuti di caffè, latte e biscotti, quella colazione ordinaria, senza di lei, un mese dopo l'attacco, sarebbero per me interminabili.

## 2

«Ma stai benissimo! E soprattutto parli bene.»

È il refrain di chiunque venga a trovarmi. Quasi un biglietto di bentrovato, un convenevole di rito, uno scacciaguai folcloristico, un parafulmini incorporato. In parte è vero, in parte no, anche se entrambe le parti sono sincere. La verità è che abbiamo tutti così paura, un'indicibile paura, e conosciamo così poco dell'ictus, che trovare una persona fondamentalmente uguale a come la ricordavamo prima dell'evento suscita uno stupore spontaneo. La mia sorte benigna sui danni motori provocati dall'interruzione dell'afflusso sanguigno al cervello mi aiuta nell'aspetto e nello spirito, ma io ormai so bene che anche chi ha subito ingiurie più evidenti sono uomini e donne come prima, impediti magari nei movimenti, ma spesso più lucidi e più forti.

In quanto alla parola, dissimulo come sempre, soprattutto all'inizio della conversazione, nei primi minuti decisivi dell'impatto. Uso il pilota automatico che la mia giovane maestra ha descritto bene, e sfodero l'arma segreta dei venticinque anni di conduzione, radiofonica e televisiva: le circonvoluzioni. Peraltro è anche un termine legato all'anatomia del cervello, visto che si chiamano così, e forse non a caso, le pieghe sinuose della corteccia cerebrale.

Le circonvoluzioni sono il modo più paraculo, in linguaggio non scientifico, che un conduttore utilizza per prendere tempo, riempire un'attesa in onda, davanti a un collegamento saltato e da ripristinare, un servizio già annunciato che la regia non riesce a mandare, un ospite ritardatario che deve ancora essere microfonato, i vuoti frequenti da colmare durante una telecronaca. Prendere tempo e parlare, sempre, comunque, senza lasciare buchi.

Ero bravino a farlo per lavoro. Ora sono bravino a farlo per necessità.

Davanti agli amici che mi vengono a trovare dopo la degenza, dispiego sul tavolo il mio repertorio di circonvoluzioni: la testa, senza che io la attivi, trova da sola le strade periferiche, le tangenziali per evitare le parole che non riesco a pronunciare. Quasi tutte, in realtà, perché il re delle circonvoluzioni ha risorse inaspettate.

I primi minuti, a rischio di uno svenimento, parto a freccia, e loro mi guardano come Leonardo DiCaprio dopo essere sopravvissuto dentro il corpo di un orso. La prima impressione è quella che conta, mi hanno insegnato da piccolo. Poi la miscela finisce, e allora svelo il trucco senza pudore, gli racconto che in verità non posso dire nemmeno i loro nomi, posso dire acqua ma non dire bicchiere, bottiglia, tavolo, divano, cuscino, finestra. E loro vanno in cortocircuito. Ma non lo sai dire o non ti viene? Le conosci le parole o le hai dimenticate? È un problema di memoria o di cosa? Dentro la testa lo sai come si scrivono o c'è un buco nero impenetrabile intorno a loro?

Persino chi è già venuto alla Santa Lucia e ha già avuto modo di osservarmi, persino mio papà, zio Edoardo e sua moglie, il mio amico più antico, Alessio, praticamente nessuno comprende fino in fondo il disturbo con cui sono alle prese. È talmente naturale per loro l'atto di parlare che quella mia difficoltà di portare le parole dal cervello fino alla bocca rimane un mistero inspiegabile, soprattutto in un uomo che dimostra un'integra contezza del problema. Lo capisco, e ogni volta provo a spiegarmi, vagamente irritato. Ma come posso spiegare quello che non ho capito perfettamente neanche io?

La mia Angel Face mi avvisa spesso che la mia arte di dissimulazione fuorvia i miei interlocutori, addirittura gli stessi medici, dando loro l'impressione che la mia capacità di parlare è migliore di quella reale, senza lasciar comprendere fino in fondo quanto il disturbo sia accanito e pervicace.

Meglio così, penso.

Eppure mi sento parte di una recita. Non mi piaccio mentre faccio lo splendido davanti a tutti cercando di nascondere con ironia e spavalderia le mie difficoltà: non era questo che pensavo nelle lunghe giornate in clinica, quando registravo la nuova idea di me stesso. Non mi interessa la riproduzione fallace dell'Andrea di prima, perché quello che mi è successo deve portare inevitabilmente a un altro approccio sociale. Basta con lo showman accentratore ma ora balbettante e ridicolo con i suoi sbagli di pronuncia, rifletto, mentre tengo banco con la mia storia da salotto, non devo diventare un altro marziano a Roma che all'inizio sembra divertente e poi diventa un noioso fenomeno da baraccone. Attento a quell'insidia: non sei più l'uomo di prima, e meno male, è anche un'occasione cruciale da cogliere.

Ma, per ora, non riesco a seguire il mio stesso consiglio. Ho troppa fretta di scacciare il fantasma dell'afasia e tornare lo sfacciato di un tempo. Ci lavorerò, dammi tempo, mi ammonisco, sennò è stato tutto inutile.

Inutile tutto il dolore, tutta la paura, tutto l'abisso che ho fissato.

# 3

Dopo cinque giorni in casa, dopo cinque giorni senza la mia mamma delle parole, mi sentivo perso. Per fortuna ieri sono ritornato alla Santa Lucia per iniziare il day hospital: una seduta fisioterapica di quaranta minuti alla mano, ancora completamente insensibile, al punto che l'ho messa per errore nella cera calda di una candela e me ne sono accorto solo quando ho visto una vescica, una seduta di logopedia di un'ora e mezzo con Angel Face. Tutti i giorni, eccetto sabato e domenica. Il mio nuovo lavoro. Il problema è che la clinica sta dall'altra parte di Roma, come ha verificato tutti i pomeriggi la povera Francesca, e soprattutto io non posso ancora guidare. In realtà sono anni che non guido l'auto quotidianamente, sono uno dei moscerini fastidiosi che imperversano nel traffico di Roma, sgusciano tra macchine e autobus, si schierano davanti a tutti i semafori, sfrecciano al limitare delle corsie preferenziali, parcheggiano selvaggiamente sui marciapiedi, insomma un soldato dell'esercito frenetico dei motorini, scooter, scooteroni, che va alla guerra nella trincea d'asfalto alla ricerca della sopravvivenza giornaliera. Anzi, lo ero: mi hanno degradato. Al momento, e chissà per quanto, la moto mi è preclusa, troppi rischi di cadute che potrebbero essere fatali per la terapia anticoagulante, troppe buche che possono causare microdanni agli stent ancora da consolidare, e persino il laccio del casco proprio in prossimità della carotide è meglio evitarlo. Ma anche l'automobile me la devo guadagnare, tra qualche settimana mi faranno un test di idoneità per stabilire se il mio tasso di attenzione sia lo stesso dopo l'ictus e se la manualità sul volante sia intatta. Gli esami non finiscono mai. Nel frattempo devo trovare il modo di attraversare la città tutti i giorni: ieri mi ha portato mio fratello, ma ho bisogno di una soluzione duratura, anche perché non posso certo chiedere a Roberto di restare ogni giorno ad aspettarmi per le tre ore che impiego con le terapie. Un taxi avanti e indietro, con il traffico capitolino, ha le sembianze del mutuo, quindi è da escludere. Con i mezzi, autobus, metro, autobus, autobus, ci metterei come a piedi il Cammino di Santiago: altro che riabilitazione. Per fortuna un amico, Mauro, mi ha dato una mano: con lui lavorano regolarmente due persone indiane molto fidate. Non hanno una macchina, ma sanno guidare. Perfetto. La macchina la metto io, ci accordiamo per un supplemento retribuito per il disturbo, l'appuntamento è il giorno seguente sotto casa mia. Il nome dell'autista è Ganesh, parla in italiano e ha il mio numero. Tutto a posto.

L'indomani a mezz'ora dall'appuntamento squilla il mio telefono. È Ganesh. Si scusa, ha avuto un inconveniente, non può venire, ma ha chiamato un suo amico, bravissimo, mi dice, ottimo guidatore, persona gentile e disponibile, gli ha spiegato tutto, sarà in anticipo, assicura, probabilmente è già sotto casa, quindi con comodo, quando voglio, è lì che mi aspetta.

«Sa dove dobbiamo andare?» cerco di dire.

«Certo, Sir. Conosce Roma perfettamente» mi conforta Ganesh. Il suo amico si chiama Pukhraj, mi informa, che per me è già difficile ricordare Domenico, pensa Pukhraj.

Ha i baffi a manubrio (non dice così ma lo immagino io) e una polo celeste. Lo riconoscerò. Lo ringrazio, attacco e mi preparo per uscire.

In effetti Pukhraj è già lì sotto e, incredibilmente, ha davvero i baffi a manubrio. Io riconosco lui, lui riconosce me.

Ma c'è una difficoltà.

Non sa una parola in italiano.

Nessuna, neanche ciao, grazie, prego, dopo. Ha un sorriso beato a mille denti, lo sguardo eccitato, ma si esprime velocemente in inglese, anzi in hinglish come dicono alcuni, l'inglese con accento hindi, e io lo osservo a occhi spalancati e incapace di muovermi, perché mi rendo conto terrorizzato che la possibilità di comunicare, viste le mie condizioni, è inesistente.

Il mio inglese è perduto, il viaggio potrebbe essere un incubo. Agita la mano, sempre con il sorriso estatico, per spronarmi a dargli qualcosa.

«Chi, chi, chi!» trilla. Chi?, penso basito. Io? Lui? Cosa dice, questo?

«Chi, chi, chi!» ride. Forse è scemo, rifletto, meglio assecondarlo.

«Chi?» ripeto.

Il sorriso si allarga più della dimensione della sua faccia. «Chi!» ripete anche lui, e fa il segno di accendere un motore.

Cazzo, sono veramente rimbambito. Chi, keys, le chiavi della macchina! Quello scemo ero io.

«Qua» lo indirizzo al parcheggio: la nostra conversazione è primitiva. Lo vedo armeggiare con la serratura, con la fronte corrugata, un accenno di sudore sopra il labbro.

«Aiuto?» chiedo in modo sillabico.

«Ok, ok!» mi rassicura, e in qualche modo apre lo sportello. Mi adagio goffamente sul sedile accanto al guidatore. Ora ha il problema di infilare le chiavi nel quadro. Credo che non abbia mai visto un'automobile. Dopo diversi tentativi, rinfrancati dai suoi sorrisi gioiosi, riesce a mettere in moto.

«Sai dove andare?» piazzo la frase più lunga al momento tra noi con un po' di timore. Non capisce.

«Indirizzo» spiego, e mi viene "impirizzo", ma tanto non conosce né la parola esatta né quella sbagliata. Inutile, è un dialogo tra un venusiano e un saturniano.

«La bia, la pia, la via!» azzardo, a tentoni. Al "via!" ha un lampo, ingrana la marcia e parte a sbalzi, senza assicurarsi ovviamente se arrivano altre macchine in quell'istante. È evidente che moriremo. Mentre sfiora un pedone che attraversa sulle strisce e fa il pelo a tutte le auto parcheggiate, tira fuori da una specie di bisaccia un telefonino colorato, lo pone vicino al cambio automatico e imposta il navigatore, lasciando il volante con entrambe le mani e lambendo un palo della luce. Moriremo, ma forse sulla strada giusta. Inchioda al semaforo come un treno deragliato, rischio l'apertura del mio airbag, ma Pukhraj mi regala il suo sorriso irresistibile.

Procediamo imprevedibilmente, siamo quasi arrivati a San Giovanni. D'improvviso squilla il suo cellulare e la suoneria è uscita direttamente da una festa di nozze. Incurante delle indicazioni interrotte, Pukhraj inizia una frenetica conversazione in hindi: dall'altra parte ci deve essere un interlocutore esilarante, per quanto ride, sghignazza, batte le mani sulla gamba. Ma intanto si scorda di voltare a sinistra, si dirige verso strade per me ignote, cerco di attirare la sua attenzione, lui si volta ma ha le lacrime agli occhi per le risate, intercetta allarmato il mio sguardo di riprovazione, cessa la telefonata e si scusa con un ripetuto sorry, sorry, sorry. Rimette affrettato la navigazione verso la Santa Lucia, ma non c'è campo in quel punto, e io non capisco dove siamo finiti.

«Verma» mantengo la calma, a parte la V al posto della F. Niente, siamo in un territorio sconosciuto. Dobbiamo chiedere. Ma come? Io con la mia afasia impazzita o lui con l'inglese del Punjab? C'è un uomo davanti a un negozio di frutta che potrebbe fare al nostro caso. Provo io.

«Scusi, Tanza Ducia? La Tanza Dubia?» Mi guarda come un matto evaso dal manicomio criminale.

Prova lui, Pukhraj. Peggio mi sento, si allontana impaurito. È una scena a metà tra Hollywood Party e Totò e Peppino a Milano.

Ci guardiamo, io e Pukhraj, rialzo il finestrino e ripartiamo: ci viene da ridere, ma tanto, ridiamo a crepapelle, dopo l'ictus non ho mai riso così, mi sento di nuovo vivo in quel viaggio surreale in una Roma disordinata con l'autista più surreale e felice del mondo. Quando alla fine ritroviamo la strada e arriviamo alla Santa Lucia siamo amici: non abbiamo scambiato una parola sensata, ma forse a volte le parole alla fin fine non servono.

# 4

L'altro giorno ho rivisto il mio salvatore. Come previsto, sono andato a trovarlo al Policlinico per decidere quando eseguire il controllo a più di cinque settimane dall'operazione con cui mi ha salvato la vita. Mi ha guardato come un creatore guarda la sua creatura, con un'espressione di soddisfazione reiterata e un po' di affetto dissimulato: sono un nuovo Oscar nella sua bacheca professionale, credo che ne abbia già tanti, ed è ancora così giovane. Ha elogiato i miei progressi linguistici, ribadendo che secondo lui ce la farò, prima o poi, a parlare quasi come prima. Quasi, l'altra volta era stato più ottimista.

In più mi ha svelato l'enigma dei capelli perduti sulla nuca: non è lo stress, parola che aborre da medico razionale, ma un raro effetto dell'uso dei raggi X durante l'intervento di neurochirurgia endovascolare. Ricresceranno, mi ha assicurato. Meno male, visto che quando sono andato a tagliarmi i capelli, l'altro giorno, il figlio del mio barbiere mi ha visto da dietro e si è spaventato, dicendo a voce alta: «Ma che hai fatto, ti hanno inseguito con una fiamma ossidrica?». Molto fortunato in questa fase.

E infatti speravo in un controllo medico non invasivo, una semplice Tac, che ormai per me è una passeggiata di salute, ma il Piccolo Principe ha le sue regole reali: un intervento come il mio necessita per lui di eseguire un'altra angiografia cerebrale, esattamente come quella con cui mi ha inserito gli stent: due giorni di ricovero, anestesia periferica, nuovo inserimento della sonda attraverso l'arteria femorale e, se tutto va bene, il giorno dopo ritorno a casa e non ci penso più.

Terrore.

L'idea di rientrare in ospedale, i rischi insiti nell'esame, piccoli ma esistenti per il due per cento dei casi («Per gli altri» mi ha detto lui, «io non ne ho sbagliato nessuno»), un altro catetere, io odio i cateteri, un ricominciare da capo, inatteso e insidioso.

Ho cercato di capire se ci sono alternative, ma il Piccolo Principe non ha sentito ragioni, è il suo modus operandi, mi ha specificato, l'unico con cui si sente al sicuro, e con un gesto elisabettiano ha scacciato con fastidio le mie agitazioni di viltà. Siamo rimasti che mi chiameranno entro dieci giorni, appena si libera un letto in reparto.

Ma finirà mai questa storia?, mi chiedo.

Domanda ingenua: la storia è appena iniziata.

Stasera sono andato a dormire più presto del solito, dopo una serata casalinga dove ho bevuto un bicchiere di troppo prima di cena e mi è presa sul divano una stanchezza stralunata. Ho voglia di leggere qualche pagina del mio Nero Wolfe e cercare di dormire, che sembra un percorso tortuoso. Francesca non vede l'ora di seguirmi a letto, stravolta dalla vita da "Come fa a fare tutto?", che con la mia degenza è peggiorata per impegni e preoccupazioni, e appena si corica già dorme, praticamente svenuta, io invece cerco di seguire il caso dell'uomo avvelenato mentre giocava a golf.

La mano. Si muove da sola.

La solita destra. L'ho vista con la coda dell'occhio, sta tenendo il libro di Stout, ha avuto un momento di vita propria. Mi gelo da capo a piedi. Getto il romanzo sul piumino, mi fisso la mano: è vero o ho le traveggole? In risposta, la mano sembra avere una scossa, uno spasmo, le dita non restano regolarmente ordinate al loro posto, quasi dei burattini senza fili. Sta succedendo di nuovo?

Sveglio Franci, già risoluto.

«Amore! Amore! Scusami, ma è meglio se andiamo in ospedale.»

Le spiego, ormai completamente consapevole di un nuovo attacco, non so bene di che cosa, e in preda a una febbrile urgenza. In effetti Francesca controlla la mano destra e questa sembra muoversi a scatti. Come sempre, prende il controllo della situazione, in un minuto è vestita, mi sprona a sbrigarmi e in un attimo siamo sotto casa. Ho il fiato corto, ma cerco di restare calmo. La mano ora sembra a posto, è stata un'allucinazione? Meglio comunque andare, ci confortiamo a vicenda, alla peggio torneremo subito a casa, ma almeno non abbiamo sottovalutato un rischio.

Abbiamo però sottovalutato i pericoli del pronto soccorso ospedaliero.

In realtà, appena arrivati ci accolgono nella migliore maniera: dopo che Francesca ha spiegato il disturbo e l'ictus del mese prima, arriva subito una neurologa del mio vecchio reparto. Si fa raccontare quanto accaduto, soppesa le mie due mani, si fa sfuggire che quella sera è già arrivato un altro paziente reduce da infarto cerebrale con gli stessi sintomi, ipotizza, come per lui, un possibile episodio di epilessia: capita a chi ha subito un ictus, la cicatrice sulla corteccia cerebrale è soggetta a irritazioni quasi elettriche, che possono sfociare in casi di epilessia. Ci mancava questa. L'epilessia.

Mi illudo di poter ritornare a casa, rinviando la conferma della diagnosi al giorno dopo. Impossibile. Ormai devo restare in pronto soccorso per fare un elettroencefalogramma e stabilire la natura dell'episodio riferito. Quanto tempo ci vuole?, chiedo per interposta persona, la mia traduttrice personale che ho sposato. Neanche ci rispondono: siamo entrati nel tritacarne spietato del pronto soccorso.

Ci mettono in una sala d'attesa, codice verde, nessun segno di imminente pericolo di vita: ma la faccenda dell'epilessia mi ha travolto completamente. Che cosa comporta, come devo gestirla? Senza vergogna, impunemente, nonostante l'ora notturna, chiamo al cellulare quel santo del Dottor Tranquillità. Il pover'uomo risponde, mascherando il risveglio affannato. È vero, può succedere, meglio sarebbe stato evitarla, è una scocciatura, ma, se viene confermato, c'è una terapia farmaceutica che può tenerla sotto controllo. Calma e sangue freddo, è sempre stato il motto. Lo ringrazio, faccio i conti con questo nuovo scoglio da arginare e aspettiamo.

Aspettiamo.

Aspettiamo.

Aspettiamo.

## 5

Aspettiamo due ore.

Francesca dorme sulla mia spalla, io ho la testa piena di cattivi presagi. Finalmente ci chiamano. Entriamo in una porta lì accanto e accediamo a un mondo a parte. Il mondo del pronto soccorso pubblico. Un corridoio affollato da barelle accatastate e persone sedute alla meno peggio, via vai indaffarato e distratto di infermieri infastiditi, lamenti, urla, un trillo di campanello incantato che nessuno stacca.

Un girone infernale.

Mi mettono il braccialetto del prigioniero, la cannula al polso per i prelievi, mi dicono che devo aspettare il medico preposto a effettuare l'elettroencefalogramma: arriverà soltanto domani mattina, ma devo restare qui.

Sono le tre di notte: una notte intera in attesa.

Scongiuro Francesca di lasciarmi solo e ritornare a casa a riposare, sto bene, è inutile rimanere insonni in due. E inizia la mia lunga notte dell'Ispettore Tibbs. Non c'è un posto a sedere, figuriamoci un letto. Ogni stanza è stipata all'inverosimile, sarà occupata da più di trenta, quaranta persone, tra il corridoio e le tre camerate saremo centocinquanta persone, anziani, soprattutto, malati veri o immaginari, buttati ognuno sul suo giaciglio conquistato a forza, senza sguardo umano se non tra noi, arresi in una notte senza fine. Io sono seduto per terra, sento un vecchio che chiede in continuazione acqua, la necessità più fondamentale, e nessuno lo ascolta, nemmeno le infermiere che vengono e vanno avanti e indietro, eppure io lo sento, tutti lo sentono, loro no. Sono stanco. Un'anima pura che mi ha riconosciuto, l'ultimo privilegio del mio lungo periodo di essere televisivo parlante, mi trova un sedile reclinabile in una delle stanze in fondo. Provo a dormire, ma è un'impresa disperata. Intorno a me corpi abbandonati nei loro sconforti. Davvero una livella, uomini in giacca e col colletto slacciato, donne sfiancate, anziani che tremano come bambini, un tipo in barella ubriaco che chiede aiuto con voce cantilenante. Francesca mi ha lasciato quaranta euro in contanti: li ho infilati nel taschino anteriore dei jeans, per evitare di perderli. Li controllo ogni tanto ma poi mi assopisco per mezz'ora e, quando mi sveglio, non ci sono più. Qualcuno mi ha frugato nelle tasche mentre dormivo e me li ha rubati. Non ci credo, dove sono finito? Riparte la veglia. Un uomo vicino alla finestra inizia a telefonare e intrattiene concitate conversazioni con presumibili collaboratori: capisco che è un fioraio, parla in italiano e soprattutto in arabo, ha toni rabbiosi, se ne frega di noi che proviamo a dormire alle quattro e mezzo del mattino, mi salta la mosca al naso dopo i tentativi di chiedergli silenzio totalmente ignorati: «Basta!» urlo. «Vogliamo dormire!» Mal me ne incolse. L'egiziano si proietta fuori dalla barella, come una furia si avventa verso il mio sedile, grida frasi probabilmente irripetibili nella sua lingua, agita i pugni quasi a picchiarmi seduta stante. Ho paura, e nessuno della struttura sanitaria interviene. E siamo in uno dei migliori ospedali di Roma, non nel peggiore bar di Caracas. Cerco di calmarlo, mi vergogno dalla mia codardia ma non posso permettermi di farmi male. Alle fine con un grugnito torna alla sua barella e riprende a sbraitare i suoi ordini telefonici. E io qui, a pensare a cosa devo aver fatto, quali azioni riprovevoli nella mia vita, per meritarmi una notte simile. Incredibile che nella stessa struttura, a pochi metri di distanza, letteralmente, ci siano un reparto all'avanguardia con professionalità eccezionali come la Stroke Unit e quella suburra degradata dove si pigiano anime perse nell'imbuto della notte. È lo specchio dell'Italia.

Le luci dell'alba sono un sospiro di sollievo.

Però l'attesa non è finita. Sembra surreale, ma fino alle undici e mezzo nessuno mi chiama per questo benedetto elettroencefalogramma; tra poco sono dodici ore che sono qui. Alle fine mi portano dal medico, lì, nella stanza accanto. Mi applica gli elettrodi tra i capelli e sulla tempia e controlla il tracciato: tutto a posto, mi informa, nessuna anomalia. Dodici ore di attesa per dieci minuti di tracciato. Un affare. Ma la cosa si complica. Il responsabile di turno del pronto soccorso e una neurologa non vogliono dimettermi prima di verificare le condizioni degli stent con una angioTac, non vogliono assumersi la responsabilità di lasciarmi andare senza quell'esame. Invano cerco di spiegare che la prossima settimana è previsto il mio ricovero proprio per controllarmi. Non sentono ragioni e a me aumenta un senso di stizza, perché sono esausto, voglio tornare a casa, farmi una doccia, dormire. Resto ancora lì, ancora prigioniero. E consumo un'altra attesa. Nel frattempo è tornata Franci, e le danno il permesso di aspettare dentro con me, almeno questo.

Nel primo pomeriggio, siamo arrivati a sedici ore di pronto soccorso, mi accompagnano in un laboratorio radiologico su un altro piano e ancora una volta recito la parte della sardina in scatola. Sono un veterano della Tac al punto che conosco i suoi rumori di fondo come un tormentone estivo. Alla fine scivolo giù e saluto i tecnici prima di tornare al pronto soccorso, ma intuisco fronti corrugate, smorfie perplesse.

«Tutto bene?» fingo di scherzare. No, mi sa che non va tutto bene.

«Noi siamo solo tecnici» si giustifica il più anziano dei due, sfuggendo il mio sguardo, «scriviamo il referto e le spiegherà la dottoressa, stia tranquillo.»

Tranquillo? Sono letteralmente soggiogato dall'ansia.

Riscendo, scortato, al pronto soccorso e confesso a Francesca le mie nefande sensazioni, ma lei non ci dà peso, sono il solito pessimista, sbuffa. Mi conosce.

A volte i pessimisti hanno ragione.

Il referto non è buono: vengo convocato dal capo di turno e dalla dottoressa di prima, chiamano al telefono il Piccolo Principe e mi illustrano la situazione. Purtroppo sembra che uno dei due stent si sia un po' spostato, pochi millimetri, sufficienti però a creare un cosiddetto "pseudoaneurisma", una sorta di piccola sacca, un'ansa, in cui il sangue dell'arteria carotidea ristagna per poi continuare il suo corso verso il mio cervello. Teoricamente questo falso aneurisma può creare grossi problemi, potrebbe provocare altre ischemie, ma non sappiamo quando si è formato e quanto si allargherà. In pratica, sono nei guai.

Mi casca il mondo addosso.

Non sono pronto a morire un'altra volta. Pensavo di avercela fatta. Decidono di ricoverarmi la sera stessa, nel mio vecchio reparto dove sta per liberarsi casualmente un posto letto, e domani mattina eseguire in urgenza con il Piccolo Principe l'angiografia prevista nei prossimi giorni. Così capiranno la situazione e in caso come intervenire.

Esco dalla stanza dei medici e sono quasi catatonico: Francesca mi sorregge alla sua maniera. Chiama mio fratello Bobo perché venga a farmi compagnia e coraggio. Calma e sangue freddo, ripeto.

Ma stavolta la parola sangue non aiuta.

# 6

La paura è un concetto rivedibile, come il coraggio. Finora ho affrontato gli accidenti del mio ictus senza pensare troppo allo svolgimento dell'evento, come uno che viene spinto su un vagone di una montagna russa e che non ha nemmeno il tempo di aggrapparsi alla sbarra di sicurezza: chiudi gli occhi e ti fai forza finché la corsa è finita. Il risveglio con la sorpresa delle attività compromesse mi ha fatto concentrare soprattutto sulla sfida tenace di colmare la distanza dall'Andrea di un tempo, che appena dodici ore prima del colpo aveva recitato il suo piccolo monologo su un allenatore degli anni Trenta licenziato per le sue preferenze sessuali, scandalose nell'Italia di Mussolini, e poi dimenticato da tutti. Ogni volta lo riguardo al cellulare, quel monologo, pensando che possa essere stata l'ultima apparizione in tv della mia vita; ma non me ne dolgo troppo, l'importante rimane ricostruire quello che è stato perso. Ho vissuto, sono stato fortunato, il bilancio della mia vita è in attivo, niente rabbia, sarà quel che sarà.

Eppure.

Eppure ora, di fronte a questa nuova dannata emergenza, inattesa, e le cose inattese sono le più vigliacche, ti prendono alle spalle, non ti lasciano alzare la guardia, ho paura. Una paura profonda. Paura di perdere tutto, in realtà è la paura di abbandonare la mia famiglia, i ragazzi, i miei magnifici ragazzi, dargli un dolore che gli spezza l'adolescenza. La telefonata con il Piccolo Principe mentre aspetto nell'atrio monumentale dell'Umberto I di essere ricoverato nel reparto di neurologia non ha procurato irrealistiche rassicurazioni. Con il suo ineccepibile pragmatismo, il neurochirurgo che mi entrerà un'altra volta nella testa non nasconde una certa preoccupazione, perché, mi rivela, spesso le immagini della Tac sono meno precise della realtà ma raramente in modo positivo, e stiamo parlando di vasi nobili, delicati, fragili. Però, prosegue, è inutile preoccuparsi adesso, domani mattina sapremo e ci regoleremo di conseguenza. Io assumo toni melodrammatici, dentro di me penso che la sorte stavolta non sarà propizia: la voce mi si incrina, in mezzo a quell'atrio gremito e rumoroso, mentre attraverso le vetrate dell'ingresso il tramonto colora i tetti delle ambulanze a riposo, e la sera di Roma si impigrisce con la gente che torna a casa svogliatamente. Forse sbaglio, al telefono con il mio creatore, chiedendogli la promessa di non intervenire subito, se la situazione dovesse esigere una riparazione urgente, un altro stent, con i rischi che comporta a poco più di un mese dalla precedente operazione. Non domani, imploro. Non prima di rivedere ancora un'ultima volta i miei figli. È una richiesta da debole, devo sembrare patetico ai suoi occhi, temo con vergogna in un angolo del mio pensiero. Il Piccolo Principe mi assicura che domani entrerà con la sonda, verificherà lo stato dell'arte ma non interverrà subito in caso negativo; ne parleremo insieme, aggiunge, e solo dopo decideremo il da farsi.

«A domani» mi sorride all'altro capo della linea.

«A domani» rispondo io, lasciando la mia vita tra le sue mani.

Prima che torni Francesca, scelgo come un condannato a morte altre due telefonate "testamentarie", a un amico e un'amica preziosi che diventano loro malgrado destinatari di elementari disposizioni in caso di sviluppi negativi, che loro cercano ovviamente di sdrammatizzare. Ma io ho un maligno presentimento, sono crollato, ho perduto la razionalità che finora mi ha sostenuto. Morire. Restare invalido senza la coscienza di sé. Diventare un peso tremendo per la mia famiglia.

Sono ore oscure.

Il ritorno al mio vecchio reparto assume le sembianze di un déjà-vu. Davvero sono ancora qui? Persino gli sguardi incuriositi del personale fanno trasparire uno stupore reciproco.

«Ti siamo mancati così tanto, André, da farti ricoverare ancora?» mi bullizza simpaticamente il tatuato muscoloso.

Intravedo il Preside, Belén, la dottoressa tedesca.

Forse è questo il posto dove devo stare, inutile sperare di abbandonarlo, queste stanze illuminate artificialmente, questi letti meccanici, questi monitor che fissano il mio battito per l'eternità, questa sospensione perpetua dello scorrere dei miei giorni.

Non sono bravo con Francesca, non sono riuscito a camuffare la mia ansia come avrei dovuto per evitarle apprensioni notturne. Anzi. Le ho detto di ricordarsi che il mio desiderio, qualunque cosa succeda, è che loro vadano avanti nella loro vita pensando che io li vorrei felici, felici, felici: che è questa l'unica cruciale decisiva ingenua egoistica prepotente mia volontà. «Smettila, ti prego» mi ha ammonito giustamente la mia roccia Francesca, quasi rabbiosa.

Ora sono in questo mio letto di ospedale, la richiamo per cercare di attenuare le maniere teatrali ma finisco per chiederle una foto, sua e dei tre ragazzi, scattata all'istante, così, dove e come sono in questo momento, perché vorrei dormire con loro. Non sto pensando di morire, che dici?, mento, tranquilla, è solo che ho bisogno di tenervi con me.

Il mio vicino di letto è arrivato dopo di me, grida la sua confusione, ha un'emorragia cerebrale in corso e non è lucido. Lotta con le infermiere per andare in bagno, ignorando il fatto di avere il catetere, si agita come un rinnegato, avverto al di là della paratia l'impotenza della sua rabbia cieca. Per due ore sento solo i suoi lamenti, quasi una penitenza da scontare in quella notte dannata.

Sì, sono solo, con le foto di Francesca, Maria Carolina, Goffredo, Vittoria. E senza farmi vedere, piango. Penso alle cose che vorrei vedere ancora: l'esame di maturità di Maria Carolina, il suo primo giorno di università, una fidanzata di Goffredo, che non mi parla mai dei suoi timori e degli suoi entusiasmi, l'affacciarsi di Vittoria sul periodo dei grandi tremori, il battere del cuore davanti alla vita che arriverà. Piango. Piango e pulisco tutto, tutte le speranze, tutte le mie colpe, tutti i rimpianti, tutta la mia anima.

È come se in quella notte avessi già consumato tutte le lacrime della mia perdita, e mi sento quasi sereno, forse rassegnato, pronto a osservare cosa ha in serbo il destino per me. Dormo, ed è un dormire che ricorda l'ondeggiare di una barca.

# 7

Quando mi vengono a prendere intorno alle nove, ho un momento in cui la mano, la fatidica mano, si trova nuovamente debole; stamattina quasi non riuscivo a impugnare il cucchiaio per i soliti biscotti da pupo, e nella mia immaginazione turbata questo marca il segnale della resa fisica, il preavviso che non tornerò più dalla sala angiografica dove mi stanno portando.

Ma sono pacificato.

Scherzo con gli infermieri che mi travasano sulla barella, ho ripreso rapidamente i chili persi un mese e mezzo fa e sembro un fagotto ingombrante. Fuori mi attendono Francesca e Bobo, li saluto con una smorfia stoica, e a Franci prendo la mano e le sussurro «Dai, vedrai, sono ottimista».

Io ottimista? Temo di non essere credibile. Con due ascensori separati ci dirigiamo al piano sotterraneo, dove ci sono le sale operatorie e il Piccolo Principe ci accoglie con il camice verde svolazzante che a me pare il mantello di Batman: trasmette sicurezza e disinvoltura, quelle di chi il mattino del sabato si sveglia tonico, consuma al bar un cornetto alla crema e un caffè ristretto ed entra fischiettando nella testa del malcapitato di turno. Si sofferma qualche minuto da una parte con mia moglie e mio fratello, non riesco ad afferrare il tono della conversazione perché intanto mi spingono nella sala dove si svolgerà il tutto. Ci sono tre persone ad attendermi, un uomo e due donne, tutte con il camice verde: non li riconosco, ma la stanza sì, ci sono già stato, è più una sensazione che un ricordo. È lì che il 2 febbraio sono entrato quasi morto e sono uscito vivo, è il posto della resurrezione, il magazzino dimenticato dove ho lasciato in riscatto tutte le mie parole. Il Piccolo Principe, che intanto è rientrato chiudendo fuori dalla porta i miei affetti, mi presenta i suoi collaboratori: l'aiuto, l'anestesista, un'infermiera, e fra i tre l'anestesista è l'unica che non sorride mai, ha un fare sbrigativo e mi mette in soggezione.

Farfuglio al mio salvatore: «Basla verdere quello to metto ieri...», traducendo: "Lascia perdere quello che ti ho detto ieri. Fai quello che serve senza rimandare". Come deve andare, andrà. Me lo ha detto la notte passata, la notte delle lacrime.

Lui mi guarda con l'aria di chi in sala operatoria fa sempre quello che serve a prescindere dai desiderata dei pazienti: «Stai sereno, oggi non faremo niente. Vediamo e usciamo: sono io che voglio così. Non ci metteremo tanto, al massimo venti, trenta minuti, resterai sveglio, ma non sentirai niente».

Mi infilano nell'ennesimo tunnel, armeggiando vicino al mio inguine, intuisco l'anestesia periferica e l'inserimento del catetere nell'arteria femorale per risalire fino alla fatale carotide, e poi le loro voci sono vicine eppure lontane, capisco che mi hanno un po' intontito durante la procedura, parlano ma non afferro il senso, se non che sembrano tranquilli, niente umori allarmati, brusche concitazioni. Nonostante il mio rincoglionimento, recepisco che è un buon segno. Di sguincio avverto la presenza del monitor su cui sta lavorando il Piccolo Principe, un reticolo di curve che presumo essere i circuiti che alimentano la mia attività cerebrale, i famosi vasi nobili, delicati e fragili. C'è scritto idealmente "Maneggiare con cura", come per un artificiere un pacco di esplosivi.

I minuti passano, nessuna asperità, potrei quasi dormire.

A un certo punto però non sento più la voce del mio chirurgo, solo le frasi più rilassate dell'aiuto e dell'anestesista: «Abbiamo finito» mi avvisa la dottoressa sbrigativa, che svela in realtà un sorriso sottile e paziente, mi ero sbagliato su di lei. Cerco il mio Piccolo Principe e non c'è. Ma, appena riposizionato sulla barella, lo trovo sulla porta aperta della sala operatoria che riferisce a Francesca e Bobo la situazione che ha trovato nella mia pregevole testa. Perché lo sta dicendo a loro senza di me?, mi agito, è andata male allora, chiaramente, perché non poteva essere che così, è finita, tutto è compiuto.

Invece lo sguardo rianimato di Francesca che mi scorge va in un'altra direzione: quella del sollievo.

«Eccoti» mi accoglie il Batman della neurochirurgia vascolare. «Stavo dicendo ai tuoi che la situazione è molto migliore di quella che temevano. C'è realmente un piccolo pseudoaneurisma, in prossimità del secondo stent, quello intercranico, ma il sangue, che pure ristagna come in un vortice prima di continuare il suo percorso, non presenta al momento attività preoccupanti, non sembra foriero di possibili trombi. Anzi, tutta la zona in cui abbiamo operato per piazzare i due stent si è apparentemente sedimentata.» Ci osserva per capire se abbiamo afferrato il suo resoconto: «È una buona notizia» chiarisce, «ma faremo un altro controllo tra qualche mese per verificare se questo pseudoaneurisma si allarga o, speriamo, si restringe. Per adesso, buona vita».

Augh. Il capo indiano ha emesso la sua sentenza: come nel *Piccolo grande uomo*, mi ero sbagliato, non era oggi il mio giorno buono per morire.

Franci mi dà un bacio sulla guancia, persino quel musone di mio fratello ha un moto d'affetto. «Ci vediamo dopo» ci saluta il Piccolo Principe rientrando nel suo aereo astronave. E io ritorno su, in bilico tra la liberazione inattesa e la consapevolezza appartata che non è ancora finita, e forse non finirà mai. Ma intanto mi godo la tregua: ho imparato che il tempo va sorseggiato lentamente, un tramonto alla volta.

# 8

Mi sento di tradire il mio salvatore, mentre Franci mi accompagna alla clinica periferica dove incontreremo il Luminare Venuto da Lontano. Un rovello insistente. Per me quello che dice il Piccolo Principe è legge, non ho mai dubitato della sua perizia e della sua facoltà di diagnosi, e fino ad adesso è stato inappuntabile, sotto ogni punto di vista: per questo oggi mi sento in colpa.

Ma tutti mi hanno fatto pressione, tutti: parenti, conoscenti, amici e soprattutto amici medici, che sono il mio cordone sanitario privato, e i neurologi della Santa Lucia, che continua a essere la mia seconda casa, persino il Dottor Tranquillità, l'uomo meno allarmista del lotto. Tutti a dire che un ulteriore consulto è necessario, ragionevole, utile, per fugare eventuali dubbi sugli ultimi avvenimenti, senza essere lesivo della fiducia riposta nel mio neurochirurgo. La mia ragione li segue, il cuore no; avverto anche il rischio di finire in una catena di pareri contrastanti, che invece di sciogliere le incertezze della mia situazione, le alimenti. Ma il destino anche in questo caso ha scelto per noi. Proprio questa settimana passa a Roma uno dei più celebrati neurochirurghi italiani, un guru degli stent, "La Bibbia", come lo definisce il primario della Santa Lucia. E ha accettato di incontrarci. Il Piccolo Principe mi perdonerà, anzi la mia idea è di tenerlo all'oscuro come una fidanzata ingannata.

Gli ultimi giorni, dopo il secondo ritorno a casa dall'ospedale, sono stati agitati. Invece di riprendere con la solita lena e la solita grinta le lezioni di parole, sembro distratto; lo ammetto, sono pieno di paure, paranoie, timori improvvisi: ogni piccolo mal di testa è IL mal di testa, ogni tremore della mano è QUEL tremore della mano, ogni sensazione di vago disagio fisico è SICURAMENTE l'anticamera di un nuovo ictus. Ci sto lavorando, non voglio cadere nella trappola dell'ipocondria cronica, di cui peraltro sono una vecchia gloria da campionato del mondo. Ora questo secondo consulto si pone a un bivio: portarmi in una spirale psicotica o rimettermi sulla retta via. Comunque sia, è un'occasione speciale da non perdere, visto il prestigio del professore in questione.

Il Luminare Venuto da Lontano ha una voce profonda, i capelli come neve e una giacca di velluto a coste da film poliziesco francese anni Settanta. Un accento isolano che si mischia con sopraggiunte inflessioni sabaude. Una strana piega della bocca quando sorride abbassando la testa, quasi che il sorriso debba restare nascosto. Le mani curate, il profumo di dopobarba con accenti aspri, che mi ricorda il bagno di mio padre quando ero bambino.

Io e Francesca sembriamo due astanti spauriti e speranzosi alla presenza di Re Salomone, per restare in atmosfera biblica. Lui, il Luminare Venuto da Lontano, prende tempo, consulta carte, visiona dischetti, ogni tanto la strana piega della bocca diventa un accenno di ghigno, al posto del sorriso. Alla fine ci spara in faccia i suoi occhi normanni come fari improvvisi e sentenzia: «Il collega è stato bravo».

Mette il polsino della camicia a posto sotto la giaccia di velluto, abbassa nuovamente la testa per mitigare l'eccesso di entusiasmo.

«Vede» si rivolge a me, gli occhi da vichingo del sud, «la sua situazione era molto complessa, e il tempo a disposizione poco: il suo chirurgo ha fatto una scelta rapida e azzeccata. Inoltre, ha lavorato con urgenza nel piazzare il secondo stent che non era preventivato, e il fatto che ora si sia leggermente spostato, creando questo pseudoaneurisma, è mera sfortuna. L'intervento è stato eseguito con maestria: ha ragione a chiamarlo il suo salvatore» accenna alla mia introduzione precedente piena di sensi di colpa. «In effetti le ha salvato la vita.» Il Piccolo Principe battezzato da Re Salomone.

«E quanto alla valutazione di aspettare qualche mese e solo dopo effettuare un controllo? È la cosa giusta?» chiede la dottoressa Francesca, fresca di laurea sul campo.

Il Luminare Venuto da Lontano annuisce: «Seguitelo nelle sue scelte, vuole prima vedere gli sviluppi eventuali dell'aneurisma e intanto far consolidare la situazione degli stent. Giusto. Tra l'altro» mi indica le immagini nebulose sul suo monitor, «la sua carotide era perfetta, nessuna placca, nessun ispessimento, e questo aiuta».

Me la mette su un piatto d'argento. Balbetto alla ricerca delle parole giuste per la domanda che mi brucia dentro, ma Franci si inserisce con perfetta sintonia.

«Quindi anche per lei l'ictus è stato causato da un trauma, forse da queste manipolazioni per la cervicale?» sbotta.

È un tema che è rimasto sempre sullo sfondo tra noi in queste settimane spaventose, quasi non avessimo animo di affrontarlo.

La piega della bocca del Luminare sembra quasi una ferita adesso. «Oh, sì. Non ho le prove, ma non ho dubbi. Sa quanti ne ho visti di casi come il suo, una dissecazione della carotide dopo una manipolazione violenta?»

Irrompo io, con i miei errori multipli per l'agitazione.

«E perché nessciuno ne tarla?» "E perché nessuno ne parla?"

Il Re Salomone non sarebbe tale se non fosse saggio. Sorride.

«Perché non abbiamo la flagranza. Anche a lei è successo dopo ventiquattro ore dalla manovra. Intendiamoci» sottolinea, «lei è stato sfortunato, sono casi rari. Ma esistono, e noi neurochirurghi vorremmo che i cittadini fossero informati, prima di accettare un trattamento manipolativo al collo, dei possibili rischi. Firmare un consenso. Ma non avviene, non è previsto.»

Mi sento precipitare in un pozzo ed è il pozzo del rammarico. Non è avvenuto neanche con me.

# 9

Non avevo mai fatto una manipolazione in tutta la mia vita. Sapevo cosa fossero: quando ero giovane, ricordo bene che mio papà era andato avanti per anni gestendo i suoi micidiali dolori alla schiena, dovuti a un'ernia del disco, grazie alle magie di un chiropratico americano che lui chiamava "lo scrocchiatore"; e durante un viaggio in California con Francesca appena fidanzati, un po' da pazzi ci eravamo fermati all'insegna di chiropratico a Santa Rosa per farla visitare per un fastidio alla schiena prolungato e, crac!, quello l'aveva "aggiustata" lì per lì. A me invece non era capitato di imbattermi nelle manipolazioni, mai in tanti anni, ma la vita è così, le cose capitano.

Capita che un uomo di oltre cinquant'anni, con una vita sedentaria, lo stress di un lavoro frenetico, o paradossalmente lo stress di un non-lavoro appagante, chino sul suo computer per ore e ore fino a ingobbirsi inconsapevolmente, d'improvviso, di notte, non riesca più a dormire bene a causa di un logorante e sordo dolore al collo e alla nuca, e magari al mattino, quando si rialza, abbia un po' di vertigini, un giramento di testa per qualche secondo che gli può lasciare poi una sensazione di disagio per quasi tutto il giorno.

È il ritratto di molte mie notti nell'ultimo anno.

Niente di grave, è evidente, nessuna preoccupazione, bensì un fastidio subdolo, un continuo disturbo, un impiccio da affrontare.

La cervicale, ti dicono tutti, senza dubbio, è la cervicale. E allora fai gli accertamenti, consulti specialistici, otorini, ortopedici, neurologi, escludi con loro altre patologie, e alle fine ti resta solo la strada della fisioterapia. Ma quale fisioterapia? Lì il caso ha giocato per me le sue carte a sorpresa, e dentro il mazzo, evidentemente, c'era il due di picche. Parlando con un'amica del settore, ma specialista della mano, perché ormai ci sono specialisti per ogni parte del corpo, persino per il lobo dell'orecchio, mi aveva consigliato di rivolgermi a una sua collega, che a sua volta mi ha indirizzato a un altro: un osteopata specialista di tecniche chiropratiche, mi dice, per qualche seduta iniziale allo scopo di mitigare l'infiammazione.

Quando l'ho conosciuto nel suo studio, l'osteopata in questione mi ha investito di parole come un fiume in piena, un giovanotto particolarmente socievole, una faccia aperta e fattiva, modellini in scala di colonne vertebrali disseminati ovunque, quadri raffiguranti eroi dell'antica Grecia dai fisici scultorei.

Quasi un presagio: parlava solo lui, e io ero già sottomesso. Voleva che andassi due o tre volte a settimana, sennò è inutile, ripeteva. La prassi era questa: una seduta di quaranta minuti, prima con uno dei collaboratori ragazzini, molti avevano diciannove o vent'anni, che mi preparavano con la respirazione e con morbidi movimenti di apertura toracica, e poi arrivava lui, saltabeccando da una stanza all'altra, da un paziente all'altro: prendeva in mano la situazione, iniziava a massaggiare profondamente la nuca e le spalle, e, d'improvviso, mi torceva il collo, prima a destra, poi a sinistra, con una manovra di rotazione brusca della testa che produceva scrocchi secchi e paurosamente rumorosi. Io le odiavo quelle sedute. Ma volevo dormire bene, volevo solo dormire bene.

Dopo l'ictus, la mia amica Betta mi avrebbe raccontato che una settimana prima del colpo, mentre fumavamo una sigaretta su un terrazzino durante una cena, le dissi: «Maledizione! Domattina devo andare ancora da questo "scrocchiatore": sai che tutte le volte che ci vado, ho così paura che penso di morire?». Avevo rimosso. Ricordo bene che volevo mollarlo, smettere con queste torture mattutine, ma lui mi stava addosso, insisteva che interrompere il ciclo avrebbe vanificato il percorso fatto e mi mandava messaggi di sollecito quotidiani: "Vieni domani? Anche sabato se non riesci, vengo apposta in studio per te" e finivo per arrendermi.

L'ultima seduta con lui, che per scherzare chiamavo Lo Strangolatore di Boston, l'ho fatta giovedì 31 gennaio. Il giorno dopo, venerdì primo febbraio, giorno della trasmissione, mi ero svegliato con quello strano e invincibile mal di testa, che in realtà era già, come poi mi hanno detto, la dissecazione della carotide in corso. Sabato 2, alle dieci del mattino, ho avuto l'ictus.

Non ci sono prove "in flagranza", come dice il Luminare Venuto da Lontano: la rottura della carotide, per base traumatica, può avvenire in teoria anche con un movimento improvviso del capo, voltando la testa per parcheggiare la macchina, appoggiando addirittura la nuca sopra il lavabo per lavare i capelli, il cosiddetto "ictus da parrucchiere". Cercando in Internet scopro che il dibattito è accesso, tra chi denuncia i rischi delle manovre cervicali legati all'ictus e le associazioni di categoria che reagiscono sdegnate con dati opposti. Ma poi la sequenza del mio caso sembra plateale: giovedì manipolazione, venerdì mal di testa, sabato ictus. È chiaro che sono stato scalognato, la conformazione delle mie carotidi, che erano sanissime, come avevo verificato qualche tempo fa durante un check-up, è però tortuosa, e quindi certe manovre forse erano meno preferibili, ma poi il diavolo ci ha messo la coda, c'è sempre il diavolo e la sua coda. Ma queste sono le evidenze e devo farci i conti. Ricordo solo ora le frasi di uso corrente, "Fai attenzione, non farti toccare al collo", che nella vita ho sentito dire molte volte, ma senza prestarvi la dovuta attenzione, tanto non mi riguardava. Perché non ho sospettato che potessero esserci rischi, anche uno, un rischio solo su un milione?, mi danno ora. Semplice: perché nessuno ce l'ha mai detto. Tutto qui.

Rientrato a casa, decido di chiamare un collega della Rai che avevo incontrato allo studio dello Strangolatore di Boston: sento di doverlo fare, senza avanzare accuse particolari al mio chiropratico osteopata, solo per informarlo. Ma il collega lo sa già, glielo ha raccontato proprio lui, il manovratore, rivelandogli: "Sono preoccupato, perché è successa una cosa brutta a Vianello, e per cautelarmi ho già contattato un avvocato".

Un avvocato? Ma se è stato solo informato da Francesca che ho subito un ictus, senza nessun riferimento a lui o alle sue manovre? Perché vuole cautelarsi?

Ecco perché era scomparso, mi rispondo. Ne sapeva di più di me.

## 10

La mia riabilitazione è lenta e sfibrante. Alla sera, tornato dalla Santa Lucia, la testa mi scoppia, strapiena, un pallone teso. Alla seconda valutazione, dopo il momento di ansia e il nuovo ricovero, che temevo potesse vanificare gli sforzi fatti, la dottoressa di Van Gogh inaspettatamente è stata contenta, ha visto evidenti miglioramenti, che io invece non riesco ad apprezzare. Ma le non parole ogni tanto le azzecco, diciamo tre su dieci, le parole con un significato invece quattro su dieci, in media, tranne qualche titubanza. Questo vuol dire che in un discorso normale le imbrocco, perché il mio difetto di articolazione diminuisce se devo pronunciare singoli vocaboli mentre si accentua davanti a sequenze di parole consequenziali. Angel Face batte ogni giorno su questo tasto, la mia carenza diventa evidente nella lettura a voce alta, in cui sono totalmente una frana e dove non vedo la fine del tunnel nemmeno da lontano. Però la ripetizione ossessiva dei fonemi, i vari SA, DO, FE, LI, VU, ha iniziato a dare i suoi frutti, la mia connessione tra il pensiero e l'esecuzione non è automatica, c'è ancora un lasso di tempo innaturale, e spesso non basta, ma sto riprendendo a capire la posizione corretta della lingua, delle labbra, del palato per emettere i suoni previsti. Quanto a scrivere, la mia maestra prende ancora tempo, ha la sua strategia.

Vivo in una bolla, uno spazio sospeso, una parentesi di agognata rigenerazione. Che ancora non c'è.

Il mio ridente autista indiano mi ha lasciato per un vero lavoro, ci siamo salutati abbracciandoci, e negli ultimi giorni mi ha accompagnato il mio fraterno amico Luigi, ma sembravamo due musoni intristiti: lui in cerca di un nuovo lavoro, io in cerca di capire che lavoro potrei fare se non recuperassi un linguaggio almeno comprensibile, ma a poco a poco siamo tornati a prenderci in giro reciprocamente come ai vecchi tempi.

Più avanti sono riuscito a superare finalmente il test di idoneità alla guida, ed è stata una conquista essenziale, uno scarto forte di libertà e normalità, anche se il primo giorno ho tamponato, o meglio toccato, un energumeno davanti ai Fori Imperiali, che è sceso da una macchina con la targa del Corpo Diplomatico urlando insulti in kazako, e come un codardo gli ho messo a disposizione anche dei soldi in contanti pur di evitarmi l'arrivo della polizia e diatribe usuranti che non ero in grado di sostenere. Invece lui se ne è andato lasciandomi in mezzo al traffico impazzito e sputando un'ultima offesa kazaka con sommo disprezzo. Certo, nonostante il test superato e il cambio automatico che mi aiuta con la mano lesionata, la mia guida nei primi tempi ha bisogno della massima concentrazione, non è scontata come era due mesi fa, ma a poco a poco ritorno il pilota fastidioso di sempre, quello che suona il clacson dopo un decimo di secondo dall'arrivo del verde. Solo per un momento, mentre attraversavo via Veneto, ho avuto una balorda confusione: non riuscivo a distinguere le manopole dell'aria condizionata e invece della temperatura aumentava l'intensità del getto, non comprendevo cosa dovevo fare, qual era il tasto giusto da spingere, in realtà era come se quell'apparecchio banale, che pure usavo tutti i giorni, fosse divenuto improvvisamente un oggetto oscuro, uno strumento enigmatico. Qualche istante, e poi tutto era tornato a posto, i tasti erano ridiventati quelli di sempre: a sinistra le manopole del caldo e freddo, a destra l'intensità di fuoriuscita. A me era rimasto un senso di disagio.

Niente rispetto a quello che mi succede a Pasqua. È un giorno prezioso per me, la prima festa familiare dopo l'ictus, la nostra tradizione è di preparare una colazione-pranzo, e in realtà diventa direttamente un pranzo, per la tendenza dei ragazzi a dormire fino a tardi quando non c'è scuola, con alcuni rituali di preparazione: la scelta accurata dei salumi e della torta al formaggio da parte mia, le uova sode pitturate con gli acquerelli dai figli, anche se ormai sono troppo grandi e sfaticati, e quindi è Francesca a prepararle per preservare la consuetudine. Dopo due mesi e mezzo dal mio terremoto sanitario quel pranzo in famiglia è una nuova tappa di normalità acquisita, ma soprattutto la nitida meraviglia di esserci ancora, ancora con loro. Stappo sempre il mio vino preferito, di cui conservo qualche bottiglia proprio per queste festività, anche se oggi ho bisogno di farmi aiutare da Goffredo che adesso ha le mani più capaci delle mie; Franci ha estratto dalla cassapanca la tovaglia delle occasioni speciali, e tutti insieme siamo in procinto di abbuffarci con quel pantagruelico antipasto. Con il coltello da macellaio toscano che esibisco in queste libagioni per affettare i salami devo stare attento, c'è il rischio di ferirmi e gli anticoagulanti rendono difficile fermare il sangue anche da un piccolo taglio, quindi affetta Francesca, ed è il mio orgoglio di capobranco primitivo a essere ferito, ma senza sangue.

Il disagio arriva dopo: colpa delle uova. Le uova sode colorate. Ne pesco uno dalla cesta. Bello, lucido, levigato, verde chiaro: tutto perfetto.

Tranne che non so come mangiarlo.

Lo tengo con la mano sinistra, afferro il coltello, ma come si taglia un uovo sodo?

Il guscio è intatto, la punta del coltello sfugge sulla superficie, mi cade sul piatto. Cerco di colpirlo, ma l'uovo rotola. Dunque, calma, ci deve essere un modo. Il coltello, l'uovo, la mano, è un rebus: ma che cazzo devo fare? Resto imbambolato. La mano, il coltello, l'uovo. Guardo spaurito gli altri, e quasi li imploro sprovveduto: «Scusate, non so come mangiare l'uovo».

Pensano che scherzi.

«Papà!» ride Maria Carolina. «Non dire cretinate!»

Danno di gomito, anche Francesca si accoda allo scherno. Ma io insisto, davvero non ho idea come uscire dal labirinto dell'uovo e del coltello. Mia moglie capisce che non sto burlando, resta tra il divertito e l'allarmato.

«Lascia perdere il coltello, devi romperlo sul piatto: guarda, così» lo prende in mano dalla parte più stretta, lo abbassa sul piatto, frantuma il guscio sbattendolo con piccoli tocchi: in pratica mi insegna una cosa che ho sempre fatto e che probabilmente nessuno mi aveva insegnato, neanche nei primi anni di vita, è venuta da sola imitando i comportamenti degli altri.

L'avevo dimenticato.

«Certo, ho avuto un momento di confusione» sdrammatizzo. Lo rompo e lo mangio: gnam.

Ma al secondo uovo il problema persiste. Ho nuovamente dimenticato il gesto. «Come si faceva?» confesso.

Mi parlano all'unisono: sbattere, piatto, papà, uovo... Va bene, va bene, l'ho ritrovato. È stato solo un attimo di stanchezza. Passatemi la torta al formaggio, ne prendiamo sempre troppa, ma alla fine la mangiamo solamente io e Franci. Auguri, brindo.

Ma c'è un'ombra sulla giornata.

Penso ad altri episodi che mi sono accaduti dopo l'ictus, piccoli ma strambi. La difficoltà a usare lo spazzolino da denti già in ospedale. Aver versato un giorno l'acqua direttamente sulle pillole invece che nel bicchiere. Usare una salvietta di carta al posto del cucchiaino per mischiare lo zucchero nel primo caffè ottenuto durante la degenza. Scherzare con Angel Face replicando a una sua pernacchia affettuosa senza ricordarmi come posizionare la lingua e la labbra, ed era venuto fuori un atroce soffio baritonale. Ora li metto tutti in fila, quegli episodi, e mi sento stupido. C'è qualcos'altro di grave in me, oltre il dilemma del linguaggio?

Passo una brutta Pasqua. E una brutta Pasquetta. Non dico niente a nessuno, cerco altre stramberie per suffragare l'ipotesi di un disturbo sfuggito ai medici. A parte l'uovo sodo, sono l'uomo di sempre, mediamente intelligente, vagamente sveglio.

Martedì, arrivo alla Santa Lucia in anticipo e mi scaravento a cercare il Dottor Tranquillità. Ho bisogno di spiegazioni, di rassicurazioni. Mi accoglie con il suo tipico sorriso disponibile. Gli spiego tutto, l'uovo, l'aria condizionata dell'auto, il tovagliolo, la pernacchia: temo una allerta di preoccupazione, ma invece c'è una totale impassibilità. Niente di grave, mi assicura dopo il mio *cahier de doléances*, niente di nuovo. Insieme all'afasia, che è il problema più serio, il danno cerebrale sulla parte sinistra viene quasi sempre accompagnato anche alla cosiddetta "aprassia". È un disturbo del gesto, l'incapacità di compiere movimenti volontari che vengono eseguiti da sempre senza problemi, come se il cervello avesse perso l'abitudine di svolgerli. Probabilmente in piccola parte il mio disturbo di linguaggio è condizionato anche dall'aprassia, per questo non riuscivo a imitare i movimenti allo specchio che la mia giovane maestra cercava di farmi ripetere per pronunciare le lettere perdute. Ma ne ho una forma lieve, contingente, collaterale e, prima o poi, sparirà. Anche su questo, mi rammenta il mio adorato Dottor Tranquillità, la plasticità del cervello umano è stupefacente. Pensiamo alle parole, dice, e io ripeto insieme a lui, pensiamo alle parole: ce la dobbiamo fare.

RITORNO AL FUTURO

# 1

A poco a poco.

Rispondo sempre così ai messaggi di chi mi chiede come sta andando.

A poco a poco: l'esatto contrario dell'impeto impaziente che ha contraddistinto buona parte della mia vita. Ho compreso, in tarda età, che il tempo e il destino non sono gestibili, non li puoi indirizzare come un cavallo al galoppo, al trotto, al passo, sono loro che decidono, tu puoi solo osservare il panorama e tenerti in sella.

A poco a poco. Lo dice anche Angel Face, mentre ogni giorno a me sembra quasi di iniziare da capo, perdere quella lettera, storpiare quella frase, biascicare quello scioglilingua, perdermi nella complessità di un vocabolo troppo lungo. Sono un paziente soggetto alle oscillazioni, mi ha sempre detto, ma l'asticella, anche se non ne me accorgo, in verità si alza costantemente. Gli esercizi di ripetizioni lo dimostrano: misurando il tempo di esecuzione, riesco ad affrontare e superare senza errori la stessa lista di parole con minore fatica. Ma non posso fermarmi mai, devo lavorare, lavorare, lavorare: lavorare per tutta la vita, forse, se serve, per non tornare indietro. È la condanna del giudice federale Angel Face, è la sentenza del fine pena mai, ma non importa, non è guarire che conta, non si guarisce mai in realtà, una parte del mio cervello è persa: conta usare le altri parti intatte e generose dello stesso cervello, connetterle, rafforzarle, e grazie a loro migliorare, parlare, scrivere, avvicinandomi alle capacità che avevo prima.

A poco a poco. Giorno dopo giorno.

In quanto a scrivere, dopo la versione più scarsa della storia di Cappuccetto Rosso, la mia giovane maestra mi ha portato per mano nella selva oscura della paura di provarci, appena ha capito che ero pronto: piccoli temi, da alunno di prima media, all'inizio, svolgimenti più ampi, quasi sembianze da articolo, dopo. Io da solo ho rotto la barriera sociale, tornando spericolatamente a pubblicare post su Twitter, quasi un ritorno dagli inferi in cui ero finito, fregandomene degli errori. Tanti. Rispetto alle difficoltà di parlare, scrivere presenta infatti altri impedimenti: confondo le preposizioni, che pure nell'eloquio sono invece preservate. So benissimo che si dice, per esempio, "I piatti sono sul tavolo", ma quando scrivo "sul tavolo" diventa "nel tavolo", oppure "del tavolo". E i vestiti finiscono "per armadio" invece che "nell'armadio". Stessa faccenda i pronomi personali, mi, ti, lo, gli, ne, si, ve: è una macedonia indistinta, dove mi incastro e spesso getto la spugna. E gli articoli: lo, il, i, gli, una lotteria. Molte parole di più di quattro sillabe sono inoltre un ginepraio, un cubo di Rubik dove trovare la sequenza giusta. Stranamente i due canali linguistici, parlare e scrivere, hanno avuto danni diversi, ma non c'è nessuno che sappia perché: nelle pieghe del nostro cervello succedono miracoli e disastri che non riusciamo con la scienza attuale a decodificare.

Così come leggere a voce alta, il mio tallone d'Achille che resta indietro rispetto agli altri miglioramenti, e penso spesso che la frase finale pronunciata in tv nella mia puntata d'addio inconsapevole era stata scritta e letta da me sul gobbo poche ore prima, senza certo che pensassi che sarebbe stata l'ultima.

Ho tempo un anno intero, mi avevano detto tutti fin dall'inizio, poi quello che ho recuperato è recuperato, mentre il resto sarà smarrito. Ma ora che i mesi passano, ho capito che ha ragione Angel Face, e con lei la nuova logopedista di supporto da cui vado una volta a settimana, che chiamo la Pariolina, per lo studio vicino a casa mia, anche lei bravissima, un ulteriore puntello: niente ansie, mi dicono, niente limiti, niente frontiere. Ogni cervello ha i suoi poteri nascosti, ogni cervello ci può stupire, e io lo stimo il mio affaticato cervello, molto di più di quanto lo considerassi prima, quando eravamo lì, io e lui, vanesi e indistruttibili.

A poco a poco, giorno dopo giorno.

Cardinale, dromedario. Temporale, previdente. Domestico, carnevale. Tulipano, manifesto. Trasgressore, disservizio. Poliglotta, portoghese. Disordine, riservato. Al massimo due errori a coppia, sennò ricomincio. Aprile: 3 minuti e 29 secondi. Maggio: 2 minuti e 19 secondi. Giugno: 1 minuto e 28 secondi. Luglio: sotto il minuto. Il peggiore è "trasgressore", anche "poliglotta" fa schioccare la lingua. Ripetiamolo domani.

Ancora più difficile, i tris: dromedario, diffidente, cardinale. Previdente, arrabbiato, temporale. Carnevale, difettoso, domestico.

A poco a poco, giorno dopo giorno, mese dopo mese.

# 2

E io? E gli altri? Io e gli altri?

L'animale sociale che mi porto addosso cerca di trovare un equilibrio. Tentando, sbagliando, fallendo, lottando, soffrendo. A casa evito di lagnarmi troppo, non mi nascondo con i miei errori davanti ai ragazzi, che sono fantastici. Mi fisso su una certa sensazione di perplessità che intuisco in Goffredo, come se mi dicesse: "Oh, eri tu quello che parlava troppo, io mi sono dovuto prendere il ruolo di quello che parlava poco: mica penserai che adesso dobbiamo invertire i ruoli?", ma chiaramente è una mia proiezione colpevolizzata. In realtà mi danno forza tutti e tre, Vittoria soprattutto, che mi incoraggia quando mi vede giù, scornato dopo un errore marchiano di pronuncia, e mi ripete: «Guarda che parli meglio, papà!».

Francesca è Francesca, non so come fa, ha preso in mano la mia vita e non l'ha lasciata andare, anche se si capisce che è così stanca che potrebbe sparire senza resistenza in un gorgo improvviso che si apre sotto i suoi piedi.

Ai miei genitori scanso il più possibile le ansie e recito la parte del film "Tutto è andato bene", mi sforzo di parlare meglio possibile quando vado a trovarli, gli ho occultato gli pseudoaneurismi e il secondo ricovero, mi esibisco in un antico buonumore, tuttavia soprattutto papà non se la beve tutta: «Sono incazzato per quello che ti è successo» ringhia sottovoce per non farsi sentire da mamma, «sono proprio incazzato, non te lo meriti, non se lo merita il tuo lavoro», e io a dirgli, saggio come non sono in realtà: «È andata così, ma sto bene, non preoccuparti, papone, ce la faccio, vedrai, poteva andare molto peggio». Ed è vero.

I primi tempi non uscivo da casa, magari veniva qualche amico a trovarmi, poi scelgo di varcare il Rubicone della vita sociale, nudo in pubblico con i miei disturbi linguistici, perché capisco che mi serve: per migliorare, innanzitutto, cercando di parlare a ogni costo, pure troppo, con il rischio persino di essere molesto, troppo protagonista, e a volte tornare a casa con un senso di disagio. Infatti devo creare un nuovo equilibrio, mitigare la voglia invadente di provare la vecchia brillantezza, non perché non ci sia più, ma perché è inutile sbandierarla, e soprattutto è stupido. E non ho più voglia di essere stupido.

Allo stesso tempo mostrarmi in pubblico con i segni del mia sventura credo sia importante anche per non coprire la realtà. È solo un ictus, non abbiate paura, vorrei trasmettere agli altri, siamo uomini e donne come prima: qualcuno cammina male, qualcuno ha un braccio bloccato, qualcuno più fortunato come me parla male, qualcuno invece purtroppo è chiuso in una prigione invisibile, ma siamo sempre noi, anche se un fulmine ci ha colpito, anche se la nostra vita ha un prima e un dopo. Non siamo eroi, non ci serve una retorica della malattia da combattere, e quando il mio amico storico Alessio nel discorso per il suo compleanno ha dedicato il brindisi a "un uomo che è qui e mi ha insegnato cos'è la resilienza", io guardavo per terra perché non capivo che parlasse di me e non mi ci trovavo mica in quel ruolo. Però siamo tosti non per coraggio, ma perché è l'unica strada per andare avanti. È solo sopravvivenza, un istinto naturale.

Avremo sempre paura: paura che ci succeda di nuovo all'improvviso, senza chiamata preventiva, senza un'avvisaglia che ci prepari, come quella volta lì, come se ogni secondo della nostra vita sia lo stesso secondo di quando abbiamo avuto il colpo e forse, chissà, proprio per questo sia diventato precario e dunque più prezioso.

Tutti i nomi ormai riesco a pronunciarli, Palio è ritornato Paolo, Gianduca è ritornato Gianluca, Ceroletto è ritornato Cesare, Edoardo e Leonardo, zio e papà, non escono più indistinguibili, solo i nomi stranieri, in particolare nel perduto inglese, sono ancora coperti. Ogni giorno però, ancora oggi, appena mi sveglio, nel buio del letto, controllo subito e con trepidazione se riesco a dire ancora Maria Carolina, Goffredo e Vittoria. Non si sa mai. Dopodiché, mi alzo.

Reggo ogni conversazione, ho ritrovato tutte le parole, che in realtà non erano mai andate via, erano rimaste segregate in una fortezza inespugnabile. Ogni tanto mi inceppo, mi impunto, mi confondo con i malefici fonemi, mi incazzo, mi disunisco, balbetto, mi deprimo, reagisco, mi sforzo, mi riprendo.

Posso dire finalmente "territorio", come voleva il mio primario della Santa Lucia.

Di cantare *Notte prima degli esami* invece non sono ancora in grado, soprattutto il verso "ma come fanno le segretarie con gli occhiali a farsi sposare dagli avvocati", ma provo spesso di nascosto.

Al momento non credo di poter ritornare in onda, probabilmente mai, ma non è la mia priorità: mi piace lavorare anche fuori dalle luci di scena, come già ho fatto in passato.

Il primo controllo dello pseudo aneurisma è andato liscio, ma non penso al prossimo: intanto, vivo. E non è poco.

Evito le uova sode, meglio strapazzate.

Continuo con le sedute di logopedia, e continuerò per molto tempo. Ci sono giorni in cui vorrei affrancarmi, sentirmi libero, fermarmi al livello raggiunto e accontentarmi, ma non credo di potermelo permettere, sono ancora giovane e ho tante cose da fare.

L'altro giorno mi ha telefonato un collega di un giornale importante per chiedermi un'intervista. Sono rimasto sorpreso e gli ho voluto specificare che sono stato male, molto male, ma lui già lo sapeva, ed è proprio per questo che mi chiamava: per pubblicare la mia storia, il giornalista televisivo che parlava tanto ma che non riusciva più a parlare.

L'ho ringraziato, gli ho detto che non ero pronto, magari più avanti, magari quando tutto sarà davvero finito. Però ho continuato a pensarci. È una storia interessante? È una storia da raccontare? Era questo il mio mestiere, la mia passione: raccontare storie.

Ma come la posso raccontare, la mia storia, se non riesco a scrivere bene?

Se sbaglio parole, pronomi, articoli, preposizioni, ortografia?

È una pazzia, mi dico, una velleità ingenua, un'impresa impossibile.

Già. Ma io adoro le imprese impossibili, le più romantiche, le più disperate.

Guardo la mia mano destra, penso, e scrivo. Scrivo, saltando tasti e confondendo lettere, cercando ancora una volta ogni parola che sapevo.

La mano. Tutto è iniziato dalla mano.

# Postfazione

Questo libro è stato un'impresa personale, una testimonianza pubblica e una terapia catartica.

Quando ho iniziato a scriverlo, gli errori che compivo erano più numerosi delle parole che digitavo: davvero credevo che sarebbe stato impossibile riuscire a costruirlo. A volte la testa, dopo aver scritto una pagina, mi sembrava una lavatrice in funzione. Durante la prima stesura, continuavo a sbagliare e tornare indietro per correggere, credo per esempio di aver confuso almeno cento volte "che" con "per"; molte parole, avendo disattivato appositamente la correzione automatica del programma di scrittura, sono riuscito a metterle insieme sillaba per sillaba solo dopo lunghe meditazioni sulla tastiera.

Ancora oggi, nonostante i miglioramenti graduali, scrivere è un'attività molto faticosa. Ma ho capito che si può fare. Ci vuole tempo e tenacia, ma si può fare. Anche con un disturbo come il mio che è stato definito "un severo deficit fonologico di output", e cioè non della comprensione ma dell'espressione, scritta e parlata. D'altronde il Nobel per la letteratura del 2011 è stato conferito al poeta svedese Tomas Tranströmer, ormai scomparso, che ha scritto per venticinque anni le sue poesie dopo aver subito un ictus e una conseguente afasia del linguaggio: non ho fatto niente di speciale, rispetto a lui!

Spero però che questo mio scritto aiuti a comprendere e ricordare, nonostante il linguaggio profano, che l'ictus e le emorragie cerebrali non sono sempre la fine e soprattutto non devono essere rimosse, evitate come un discorso disturbante, un po' come per tanti anni è successo con il cancro, parola che veniva nascosta nella formula del "male incurabile". Oggi dei tumori si parla senza vergogna e per fortuna sono sempre meno mali incurabili; dell'ictus, invece, si parla poco, con paura, con orrore. Ma è invece la seconda causa di morte nel nostro Paese, insieme al tumore e all'infarto, e la prima causa di invalidità permanente. Si può prevenire, curare, gestire, e purtroppo convivere con le sue conseguenze. Ma non è uno stigma, è una disgrazia, e ne possiamo parlare a testa alta.

Quanto al tema della osteopatia e della chiropratica, due discipline distinte ma che si servono entrambe anche delle manipolazioni cervicali, vi ho raccontato la mia storia. Non voglio discutere le virtù e i benefici di queste pratiche molto diffuse negli ultimi decenni anche nel nostro Paese e le convinzioni di chi le sceglie e di chi le apprezza. Credo però che la mia vicenda non sia un caso isolato e che la materia necessita di regole più stringenti: in Italia due leggi recenti hanno istituito prima un albo dei dottori di chiropratica e poi un albo dei dottori di osteopatia presso il Ministero della Salute, peccato che non esistano ancora percorsi di studio né requisiti riconosciuti per svolgere queste particolari attività sanitarie, e infatti i due albi non sono mai diventati effettivi e dunque, al momento, in attesa dei decreti attuativi, semplicemente non esistono. La mia convinzione, suffragata da quello che ho subito sulla mia pelle e dai pareri dei neurochirurghi e dei chirurghi vascolari con cui mi sono confrontato, è che noi cittadini dobbiamo pretendere un'informazione chiara ed esaustiva dei rischi potenziali, seppure rari, delle manipolazioni cervicali e la certificazione di chi le pratica. Sarà per me una battaglia civile personale e mi impegnerò in tal senso.

# Ringraziamenti

Devo ringraziare le donne e gli uomini che mi hanno aiutato in quei mesi stravolgenti, i medici, i paramedici, il personale infermieristico delle strutture sanitarie a cui mi sono rivolto. Non tutti i personaggi che avete incontrato durante la lettura del libro sono riconoscibili, alcuni in più sono il frutto di una sintesi immaginifica dei loro ruoli. La dottoressa tedesca, il Vinaiolo, l'Onorevole Angelina, e altri non esistono nella realtà con queste fattezze, anche se qualcuno gli somiglia, ma i personaggi del libro li racchiudono un po' tutti e sono soprattutto la proiezione delle mie suggestioni di malato, peraltro abbastanza confuso.

Esistono invece chiaramente il reparto Stroke Unit del Policlinico Universitario Umberto I e la Fondazione Santa Lucia, le mie indimenticabili "officine di riparazione", con professionisti impagabili a tutti i livelli.

In particolare, rispetto all'Umberto I, voglio citare il primario della Stroke Unit, professor Danilo Toni, che conduce un reparto all'avanguardia.

Mentre alla Santa Lucia la lista è più dettagliata: il direttore sanitario Antonino Salvia, il primario del sesto piano Stefano Paolucci, e i dottori Vincenzo Venturiero, Paola Coiro, Anna Savo, Stefano Moroni; il coordinatore della riabilitazione Paolo Di Capua e il suo staff di terapisti tutti eccezionali, in particolare la mia adorata e profonda Paola Collalti, che con Daniela Dominici si è occupata più degli altri della mia mano destra; la "capa" della parte neuropsicologica, dottoressa Ivana Bureca, e con lei Veronica Di Palma e il professor Gian Daniele Zannino. E tutto, tutto, tutto il personale di questa incredibile eccellenza italiana.

Due chirurghi autorevoli esterni mi hanno sorretto nel mio percorso sanitario: il professor Salvatore Mangiafico, neurochirurgo dell'Ospedale Careggi di Firenze, a cui mi sono ispirato per tratteggiare il mio Luminare Venuto da Lontano, e il professor Giandomenico Cao, chirurgo vascolare del San Camillo di Roma; con loro i miei amici della Mater Dei, il professor Paolo Pavone, il Re della Radiologia, e il professor Roberto Leo. Tutti medici al top della sanità italiana.

La logopedista "della porta accanto", fondamentale anche lei, donna di alto livello, la dottoressa Valentina Deidda.

Ho lasciato fuori per ultime tre persone particolari: quello che penso di loro l'ho scritto in modo esplicito in ogni riga che li riguarda. Tre protagonisti.

Il professor Simone Peschillo, che ora opera al Policlinico di Catania, il neurochirurgo che mi ha salvato, il Piccolo Principe nella mia fantasia, visto che mi ha portato via con un volo magico dall'oscurità. Se sono ancora qui, prendetevela con lui.

Domenico De Angelis, il mio neurologo bravissimo della Santa Lucia, il provvidenziale Dottor Tranquillità. Che medico, e che uomo.

E infine la mia giovane maestra, Claudia Ricci, l'Angel Face che mi ha tirato fuori chissà come le parole perdute, che mi ha spronato, sopportato, capito, sostenuto. La miglior logopedista che potessi trovare e un essere umano raro.

Se sono qui lo devo soprattutto a loro tre, che per me saranno sempre ormai i miei salvatori, ma anche veri amici per sempre.

E a proposito di amici, altri compaiono nelle molte pagine del libro, altri ne sono rimasti fuori per mancanza di spazio, e a tutti e all'ondata di affetto che mi ha investito durante questi mesi dono la riconoscenza che ho nel cuore. Come ai colleghi della Rai e all'azienda stessa, una vera forte umana azienda culturale che solo chi conosce davvero dal di dentro sa quanto possa essere importante e arricchente per il Paese.

Se ho scritto questo libro però lo devo in particolare a tre persone amiche.

Paolo Pantanella, il medico che si è inventato coach mentale, e da amico a coach, davanti a una centrifuga, mi ha fatto capire che era quello che desideravo.

La mia migliore amica, sorella, complice, confessora, alter ego, correttore di bozze, una persona "giusta", come ben l'ha definita un grande scrittore italiano che ha capito tutto: Paola Pierri. Lei sa tutto di me, e non c'è stato un momento senza avere la certezza che potevo contare su di lei, anche nelle angosce notturne dove la svegliavo senza vergogna.

Una scrittrice vera e sensibile, una narratrice di talento puro e un'indagatrice dell'animo umano, un'amica davvero speciale, Simona Sparaco, che mi ha fatto credere che potevo farcela, e mi ha fatto incontrare la mia energetica agente, Vicky Satlow, che a sua volta ha investito su di me e sulla mia storia.

Grazie a tutti loro. Ma tanto.

L'importanza della mia famiglia, mia moglie Francesca, i miei tre figli Maria Carolina, Goffredo e Vittoria, spero traspaia in modo preciso nel libro, ma ne approfitto per ribadirlo: vi amo, ed è il motivo per cui vorrei restare con voi su questa Terra più tempo possibile.

Non è rimasto, invece, su questa Terra mio padre. Mentre scrivevo il libro, il 17 agosto, ha smesso improvvisamente di lottare con il suo cuore affaticato, lasciando soli e disperati noi, ma soprattutto mia mamma, la mia mamma profonda. Papà non leggerà questo libro e il vuoto che ha lasciato è ancora più desolante. Ma ci ha dato tanto, forse troppo, è stato un papà eccezionale. La sera prima di morire, io e mio fratello Bobo eravamo al mare, e all'ora di cena ci è venuta l'idea di chiamarlo assieme, cosa che praticamente non succedeva da anni. Gli abbiamo raccontato della gita in barca che avevamo fatto a Giannutri, che lui conosceva bene, perché amava il mare e le barche: sembrava stanco, ma anche sorpreso e contento nel sentire tutti e due i suoi figli che si accingevano a cenare dopo una bella giornata di mare, e sicuramente avrà pensato alle sue belle giornate di mare, di cui amava il profumo e la libertà, al comando della sua barca lontana che lo rendeva orgoglioso. Però mi ha chiesto anche quel giorno: «Mi raccomando, domani scrivi. È importante. Devi scrivere». E io l'ho fatto, l'ho fatto anche per lui.

Mondadori Libri S.p.A.

Questo volume è stato stampato
presso ELCOGRAF S.p.A.
Stabilimento - Cles (TN)

Stampato in Italia - Printed in Italy